몽골어3

МОНГОЛ ХЭЛ 3

몽골어 3

OTGONTSETSEG DAMDINSUREN

Дамдинсүрэнгийн Отгонцэцэг

HUiNE

| 일러두기 |

"몽골어3" 교재는 대학교에서 몽골어를 배우는 한국 학생들을 위한 중급교과서이며 "몽골어1", "몽골어2"에 이은 세 번째 교재이다.

이 교재는 총 16과로 이루어져 있으며 15과까지는 각 과 별 대화, 새 단어, 문법, 읽기, 연습문제로 구성되었다. 마지막 16과는 전체적으로 복습하는 단원으로, 앞 과들과는 다른 구성으로 되어있다.

각 과는 대화 내용으로 시작되고, 대화 내용은 해당 과의 주요 문법을 포함하고 있으며, 몽골인들의 일상 회화에서 자주 사용되는 문법과 표현을 예로써 보여 준다.

대화 내용 다음 순서는 해당 과에서 새로 배우는 단어와 표현을 한국어로 번역하여 배치하여 사전을 찾아보는 시간을 줄여 주는 장점이 있다. 본 교재는 총 700개의 새 단어를 포함했다.

문법 부분에는 해당 과에서 배울 문법을 의미론적으로 설명하여 예문을 몽골어와 한국어로 각각 해석했으며, 본 교재의 문법 설명은 현대 언어학의 용어를 적극적으로 사용하지 않았다. 본 교재는 명사의 복수어미, 일반재귀어미, 몽골어의 조어법, 형용사의 비교격, 형용사의 의미 강화 및 한정, 몽골어의 접속어 관계 즉, 대등 접속어, 종속 접속어들의 의미와 역할을 각각 소개하고 설명하였다. 또한, 문법을 한국인의 사고방식적 특성과 한국어의 의미론적 바탕으로 이해하기 쉽게 설명했으며 이를 예문으로써 보충했다.

읽기 부분의 "텍스트"는 해당 과에서 배운 문법의 응용과 새 단어를 익히고 복습할 목적으로 만들었다.

각 과의 마지막 부분에는 해당 과에서 새로 배운 문법을 일상 회화에서 올바르게 사용할 수 있도록 복습하는 것을 목적으로 하며 해당 과의 문법의 이해도를 확인하고 복습할 수 있는 "연습문제"가 있다. 교재 끝 부분의 "연습문제 정답"에서 예시로 한 가지 형태의 답을 제시하였지만, 학습자는 연습문제를 여러 가지 형태의 답으로 완성할 수 있다. 그러나 연습문제 정답을 확인하기 전에 해당 문법을 다시 한 번 복습하는 것이 문법을 익히는 데 도움이 될 것으로 생각된다.

부록으로 총 15과에서 배운 새 단어와 표현을 모아 놓은 소사전을 제작하였으며 이는 몽골어 학습자의 어휘력을 향상시키는 데 도움을 주고자 함이다. 또한 정확한 몽골어 발음을 위하여 몽골인의 목소리를 녹음해 MP3 파일로 첨부하였다.

본 교재는 몽골어 학습자의 몽골어 문법의 사용을 구어체와 문어체에서도 활발하게 사용할 수 있도록 배려하였다. 또, 새 단어를 외우고 사용함에 있어 몽골어를 보다 심층적으로 학습할 수 있도록 노력했으며, 학습자 모두 뜻하는 결실을 볼 수 있기를 기원한다.

몽골어를 배우고자 하는 학습자들의 열의에 작은 도움이 되기를 바란다.

2016년 2월

저자

Номын танилцуулга

"Монгол хэл 3" нь Их дээд сургуульд монгол хэл сурч байгаа солонгос оюутнуудад зориулсан цуврал сурах бичиг "Монгол хэл 1", "Монгол хэл 2"-ын үргэлжлэл гуравдугаар ном юм. Энэ ном 16 хичээлтэй бөгөөд эхний арван таван хичээлд тус бүр харилцаа яриа, шинэ үг, хэлзүй, унших эх, дасгал ажил гэсэн бүтэцтэй. Харин сүүлийн арван зургаадугаар хичээлийг давтлага хэлбэрээр өөр бүтэцтэй бичсэн болно.

Хичээл бүрийн эхэнд байгаа харилцаа ярианд тухайн хичээлээр сурах хэлзүйн дүрэм орсон бөгөөд уг дүрмийн хэрэглээг монгол хүний өдөр тутмын энгийн яриагаар жишээлж үзүүлсэн юм.

Харилцаа ярианы дараа тухайн хичээлд орсон шинэ үг хэллэгийг солонгосоор орчуулж өгсөн нь суралцагч оюутны цагийг хэмнэх давуу талтай болсон.

Энэ сурах бичиг нийт 700 орчим шинэ үгтэй.

Хичээлүүдийн дүрмийн хэсэгт тухайн хичээлд үзэх дүрмийг утгазүйн үүднээс тайлбарлаж холбогдох жишээг монгол солонгос хэлээр өгсөн бөгөөд сурах бичигт дүрмийн тайлбарыг хийхдээ орчин үеийн хэлшинжлэлийн нэр томьёг тэр бүр хэрэглээгүй болно. Энэ сурах бичигт монгол хэлний жинхэнэ нэрийн олон тоо заах нөхцөл, залгавар бүтээврүүд, ерөнхийлөн ба биед хамаатуулахын нөхцөлүүд, монгол хэлний үг бүтээх арга, тэмдэг нэрийн зэрэг, утгыг нь эрчимжүүлж буурүүлах, үйлийн нөхцөлдүүлэн холбох нөхцөлүүдийн утга үүргийг тайлбарласан.

Хэлзүйг солонгос хүний сэтгэлгээний онцлог, солонгос хэлний ерөнхий зүй тогтолтой уялдуулан энгийн хялбар аргаар тайлбарласнаас гадна хангалттай жишээгээр баяжуулж өгсөн.

Унших дасгалыг хичээл бүрт “Унших эх” гэсэн нэртэйгээр тухайн хичээлд үзсэн дүрмийн хэрэглээ, шинэ үгийг бататган давтах зорилгоор оруулсан.

Хичээл бүрийн төгсгөл хэсэгт тухайн хичээл дээр шинээр үзсэн дүрмийг энгийн хэрэглээнд зөв хэрэглэж сурах чадвар дадалтай болгоход чиглэсэн мөн тухайн хичээлээр үзсэн хэлзүйн асуудлыг зөв ойлгосон эсэхийг шалган үзэх “Дасгал ажил” гэсэн хэсэг буй. Дасгалыг ихэвчлэн олон хувилбартай хийж болохоор байгаа. Харин дасгалын хариу дээр зөвхөн нэг хувилбарыг нь жишээ болгон уг номонд оруулсан бөгөөд суралцагч аль ч хувилбараар хариулж болно гэдгийг анхааруулан хэлье.

Дасгалыг ажиллахдаа эргэлзвэл сурах бичгийн эцэст байгаа “Дасгал ажлын хариу”-г үзэхээсээ өмнө холбогдох “Хэлзүй”-г дахин анхааралтай уншиж үзэхийг зөвлөе. Сурах бичгийн төгсгөлд уг 15 хичээлийн шинэ үг хэллэгийн бяцхан толь хийсэн нь суралцагч оюутны үгийн санг баяжуулахад чиглэсэн юм. Мөн суралцагчдыг монгол хэлний зөв дуудлагад сургахад анхаарч хичээлүүдийн харилцаа яриа болон унших эхийг MP3 файлаар бичиж хавсаргасан болно.

Та энэхүү номыг судалж үзсэнээр монгол хэлний хэлзүйн дүрмийг ярих бичихдээ зөв хэрэглэж сурах төдийгүй олон шинэ үг хэллэгийг эзэмшиж, цаашид монгол хэлийг гүнзгийрүүлэн сурахад тань энэ ном ямар нэг хэмжээгээр тус нэмэр болно хэмээн найдаж байна.

Монгол хэл суръя гэсэн хүн бүхний хүсэл биелэх болтугай!

| 차례 |

НЭГДҮГЭЭР ХИЧЭЭЛ

Хөдөлмөрийн баатар

Баяр: Сайн уу?

Оюун: Сонин сайхан юу байна вэ?

Баяр: Өчигдөр орой танай гэрт хэн хэн байсан бэ?

Оюун: Өчигдөр орой манайд аавын хамаатнууд ирсэн. Увс аймагт байдаг хоёр ах нь эхнэр хүүхдүүдтэйгээ, Хөвсгөлд амьдардаг эгч нар нь ч нөхөр хүүхдүүдтэйгээ ирсэн.

Баяр: Юу болсон юм бэ? Ямар нэгэн тэмдэглэлт явдал болоо юу?

Оюун: Тийм ээ, манай аав эх орныхоо төлөө хийсэн үйлс, бүтээсэн зүйлсийнхээ төлөө Хөдөлмөрийн баатар цолоор шагнагдсан юм.

Баяр: Сайхан хэрэг байна. Сүүлийн жилүүдэд Хөдөлмөрийн баатрууд төрөх нь цөөхөн болсон шүү дээ.

Оюун: Тийм ээ, би ч бас аав шигээ сайн ажиллаж, эх орондоо ихийг бүтээж өгнө өө.

Баяр: Амжилт хүсье!

Оюун: Баярлалаа.

Шинэ үг

дурсгалт газар	유적지	гарамгай	뛰어나다
урт наслах	장수하다	өвчтөн	환자
маллах	가축을 기르다	тариа	농산물
зорчигч	승객	эх орон	모국
нялхас	유/영아들	доодос	하층민, 손 아랫 사람들
ёс заншил	풍습	шуудай	포대
эрдэмтэн	학자	хөвгүүн	소년, 남자 아이
чимэг	장식, 지창	хөвч	산림
манлай	선두	элсэн манхан	모래 언덕
өлгий	요람	тавих (оршуулах)	묘지에 안치하다
үр	씨앗	таван хошуу мал	오축
өсөх	자라다	саравч	외양간
олшрох	늘다, 증대하다	тохилог	평안한, 안락한
нүүдлийн шувуу	철새	нүүдэллэн амьдрах	유목생활
усны шувуу	물새	ичих (амьтад)	동면하다
үзмэр	전시물	ганганах	새가 울다, 지저귀다
хос	짝, 커플	дөнгөж	겨우
Их хурал	국회	зөвлөлдөх	의논, 논의
холбоо байгуулагдах	연맹 맺다	гишүүн	회원
хүндэтгэх	존경하다	мэдээлэх	통보, 알리다
мал хариулах	가축을 방목시키다	зөрөн өнгөрөх	지나치다
хээ	문의	айл	가정, 가족

Дүрэм

Жинхэнэ нэрийн тоо 명사의 복수어미

몽골어의 명사는 단수 혹은 복수를 나타나며 단수를 가리키는 어미는 따로 있지 않다. 그러나 일반 복수어미는 다음과 같은 형태가 있다.

–чууд/ –чүүд, –чуул/ –чүүл,

–ууд, –үүд, –нар, –д, –с

또한 몽골어의 복수는 많은, 적은 등의 수식어로 표현하기도 한다.

1. 명사의 복수어미 –чууд/ –чүүд 조사를 바르게 사용하기

–чууд, –чүүд– чуул, –чүүл 조사는 사람과 관련된 일반적인 복수어미로 쓴다. –чууд, –чуул은 남성어에 붙이며, 모음이나 н, л, р 자음으로 끝난 단어는 바로 연결하여 쓴다. "н"으로 끝난 단어에 연결할 때 –н이 생략된다.

Жишээ нь:

Монгол**чууд** моринд гарамгай.

몽골인들은 말을 잘 탄다.

Эмэгтэй**чүүд** эрэгтэй**чүүд**ээс урт насалдаг.

여성들은 남성들보다 장수한다.

Ур**чууд** бол бүгдээрээ авьяастай хүмүүс.

장인들은 모두 재능을 가지고 있는 사람들이다.

Залуу**чууд** англи хэл, компьютер сайн сурч байна.

젊은이들은 영어와 컴퓨터를 잘 배우고있다.

Бага**чууд** гадаа цасан хүн хийж байна.

어린이들이 밖에서 눈사람을 만들고 있다.

Хавар болж бүсгүй**чүүд** нимгэн хувцсаа өмсчээ.

봄이 되어 젊은 여성들이 얇은 옷을 입었다.

Бая**чууд** үнэтэй машин унах дуртай.

부자들은 비싼 차를 타는 것을 좋아한다.

Манайх **цөөн** малтай.

우리 집은 가축의 수가 적다.

2. 명사의 복수어미 –чуул/ –чүүл 조사를 바르게 사용하기

구어체에서는 –чууд/ –чүүд 조사를 –чуул/ –чүүл 로 대체하는 경우도 있다.

Жишээ нь:

Хөгш**чүүл** гадаа саравчинд сууж шатар тоглоцгооно.

노인들이 밖에 정자에 앉아 체스를 둔다.

Хөгш**чүүд** гадаа нарлаж байна.

노인들이 밖에서 햇빛을 쬐고 있다.

Бага**чуул** мөхөөлдөс идэх дуртай.

어린이들은 아이스크림 먹는 것을 좋아한다.

Бага**чууд** хөл бөмбөг тоглож сурч байна.

어린이들이 축구하는 것을 배우고 있다.

Бая**чуул** хурдан морийг өндөр үнээр авдаг.

부자들은 경주마를 높은 가격에 산다.

Баячууд казино тоглохоор явцгаав.

부자들은 카지노를 하러들 갔다.

Томчуул хүүхэд байсан үеэ мартдаг.

어른들은 어린 시절을 잊는다.

Томчууд энэ хуралд олон ирсэн байна.

높은 사람들이 이 회의에 많이 와 있다.

3. 명사의 복수어미 –ууд, –үүд 조사를 바르게 사용하기

복수어미 –ууд, –үүд 조사를 후설음 "–н 또는 –нг"를 제외한 기타 자음과 단모음으로 끝나는 단어, 또는 불안정 "–н"으로 끝나는 단어에 바로 연결한다. 이 조사는 후설음"–н 또는 –нг" 으로 끝나는 단어에 붙일 때 중간에 "– г" 자음을 또는 장음과 쌍모음으로 끝나는 단어에 붙일 때 중간에 "–н" 자음을 첨가하여 쓴다.

Жишээ нь:

Оюутнууд улсын шалгалт өгч байна.

학생들이 국가 고시를 치고 있다.

Том, жижиг машинууд талбайгаар дүүрэн зогсоно.

크고, 작은 차들이 광장에 가득 서 있다.

Гэрийн хаягаар ирсэн захидлуудыг шуудангаас хүргэж өгдөг.

집 주소로 온 편지들을 우체국에서 배달해 준다.

Түүний уншсан номууд хэдийн нэг шүүгээ болжээ.

그가 읽은 책들이 이미 책장 하나를 채웠다.

Сурагч хүүгийн бэлгэн дотор өнгийн харандаанууд бас байв.

어린 학생의 선물 속에 색연필들도 있었다.

Зочдод ижилхэн цагаан гэр**үүд** барьж өгчээ.

손님들에게 같은 흰 게르들을 지어주었다.

Тэмээн**үүд** худаг дээр бөөгнөрчээ.

낙타들이 우물 앞에 모여 있다.

Захирал ахмад**ууд**ад шагнал гардуулав.

사장이 연로자들에게 상을 전달했다.

Сөүл хотод өндөр байшинг**ууд** олон баригдаж байна.

서울시에 높은 건물들이 많이 지어지고 있다.

4. 명사의 복수어미 –нар 조사를 바르게 사용하기

복수어미 –нар 조사는 사람에 관련 된 단어 즉, 형제자매, 친인척, 직업과 관련된 단어와 인칭대명사의 복수형 뒤에 따로 띄어 쓴다.

Жишээ нь:

Бат, Буян, Оюун **нар** хуралд илтгэл тавина.

바트, 보인, 어용은 회의에서 발표를 할 것이다.

Эмч **нар** хүний эрүүл мэндийн төлөө ажилладаг.

의사들이 사람의 건강을 위해 일한다.

Дарга **нар**т зориулсан өрөөнүүд хамгийн дээд давхарт байдаг.

이 사진들을 위한 방이 제일 위층에 있다.

Монголын багш **нар**ын баярыг 2-р сард тэмдэглэдэг байсан.

2월에 몽골의 스승의 날이 있었다.

Сайд **нар** маргааш оройн үдэшлэгт ирнэ гэнэ.

장관들이 내일 저녁 파티에 온다고 한다.

Орцонд ах **нар** гитар тоглоно.

현관에서 형들이 기타를 친다.

Бид ах эгч **нар** олонтой.

우리는 형제가 많다.

Та **нар** хичээлийн дараа хаашаа явах вэ?

너희들은 방과 후에 어디로 갈거야?

5. 명사의 복수어미 –д 조사를 바르게 사용하기

복수어미 –д 조사는 주로 직업을 가리키는 단어 즉, 일정 행위를 하는 사람을 가리키는 "–гч, –аач[4], –чин" 조사를 가진 이름 뒤에 들어감으로써 복수의 의미를 표현한다. 또 –д 조사는 사람과 동물을 가리키는 명사 뒤에 쓰여 해당 복수의 의미를 가지게 한다.

Жишээ нь:

Тариачи**д** тариа тарьдаг.

농부들은 농사를 짓는다.

Наадмаар хурдан морь**д**ыг уралдуулдаг.

나담 축제에 경주마들이 경주를 한다.

Улс төрчи**д** сонгуулийн сурталчилгаа хийж байна.

정치인들이 선거 유세를 하고 있다.

Зуны амралт болж сурагчи**д** баяртай байлаа.

여름방학이 되어 학생들이 기뻐하고 있다.

Хөгжимчи**д** хөгжимдөж, дуучи**д** дуулж эхлэв.

연주가들이 연주를하고, 가수들이 노래를 하기 시작했다.

Эрдэмтэ**д** хурал дээр сонирхолтой илтгэл тавив.

학자들이 회의에서 흥미로운 발표를 했다.

Манай сургуулийн хөгжөөн дэмжигчид тэнд сууцгааж байна.

우리 학교 응원단들이 거기에 앉아 있다.

Манай ангийн охид, хөвгүүдээс сайн сурдаг.

우리반 여학생들이, 남학생들보다 공부를 잘 한다.

Тоглолтыг сайд түшмэд ч бас үзэв.

공연을 장관들과 고위 인사들도 보았다.

Сэтгүүлчид асуулт асуусцгаав.

기자들이 질문들을 했다.

6. 명사의 복수어미 –с 조사를 바르게 사용하기

복수어미 –с 는 명사와 형용사의 뒤에 붙여 복수를 나타낸다. 모음과 7 개의 유성 모음(эгшигт 7 гийгүүлэгч –м, н, г, л, б, в, р)으로 끝나는 단어에 바로 붙이며, 때로는 모음을 취하고 때로는 모음을 취하지 않는 자음(заримдаг 9 гийгүүлэгч –д, ж, з, с, т, х, ц, ч, ш) 으로 끝나는 단어에 붙일 경우에는 모음을 첨가한다.

Жишээ нь:

Үүлс урагшаа нүүж байна.

구름들이 앞으로 이동하고 있다.

Монгол Алтайн уулс холоос сүртэй харагддаг.

몽골 알타이산들이 멀리서 장관을 이룬다.

Хүмүүс эрүүл энх, аз жаргалтай амьдрахыг хүсцгээдэг.

사람들은 건강하고, 행복하게 살고 싶어한다.

Цэрэг эрс эх орноо хамгаалдаг.

군인들이 조국을 지킨다.

Алт эрдэнэс их үнэтэй.

금은보화는 많이 비싸다.

Монголчуудын өвөг дээдэс хаана нутагладаг байсан бэ?

몽골인들의 조상들은 어디에 살았었습니까?

Цуглаанд залуус олноороо ирцгээв.

모임에 젊은이들이 여러 명이 와 있다.

Золботой эрс ажлаа маш хурдан дуусгав.

씩씩한 남자들이 일을 아주 빨리 끝냈다.

Тэнцсэн сурагчдын нэрсийг дуудаж байлаа.

합격한 학생들의 이름들을 불렀다.

주의사항

몽골어에는 사람, 사물, 현상의 3가지로 분류하여 재귀어미 를 쓰는데 각각 다른 어미를 통해 표현한다.

Жишээ нь:

1인칭단수 **минь**, 1인칭복수**маань**

аав минь (миний аав)

аав чинь (чиний аав)

аав нь (түүний аав, тэрний аав)

аав маань (бидний аав)

аав тань (таны аав, та нарын аав)

2인칭단수 **чинь**, 2인칭복수 **тань**

аав нь (түүний, эдний/тэдний аав)

	1-р бие	2-р бие	3-р бие
ганц тоо	минь	чинь	нэ
олон тоо	маань	тань	нь

Унших эх

Багш, сурагчид аяллаар явж байна. Автобусанд багш нар гитар тоглож, хүүхдүүд дуулж хөгжилтэй явцгаана. Замаар гадаа налайн суух хөгшид /хөгшчүүл/, дөнгөж хөлд орж байгаа нялхас, шалгалтандаа бэлтгэн суух оюутнууд, хос хосоороо алхах залуус өнгөрнө. Радиогоор сайд нар зөвлөлдөж, Их хурлын гишүүд " Газрын тухай хууль" баталж, Шүдний эмч нарын холбоо байгуулагдсаныг мэдээлэв. Аялагчид цааш явсаар хотоос гарахад хаврын анхны яргуй цэцэгс, холоос ганганан гунганан ирэх нүүдлийн шувуудтай таарав. Тариан талбайд бөртөгнөн ажиллах тариачид, малаа хариулж яваа малчид зөрөн өнгөрөв. Автобус зорьсон газраа ирж тэднийг буусгаахад аялал жуулчлалын компанийн ажилтнууд хүндэтгэн угтав.

Дасгал ажил

Дасгал 1

Дараах үгсэд олон тооны нөхцөлүүдийг зөв холбож бичээрэй.

банк ________, дасгал ________,
дуучин ________, бие ________,
баян ________, сувилагч нэр ________,
охин ________, музей ________,
асуулт ________, бүсгүй ________,
залуу ________, их ________,
эрдэмтэн ________, хүүхэд ________, хөвгүүн

Дасгал 2.

“Миний нутаг” шүлгийг уншаад олон тоотой үгсийг олж доогуур нь зураарай.

Жишээ нуруунууд

Миний нутаг 나의 고향

Хэнтий, Хангай, Соёны өндөр сайхан нуруунууд
헨티, 항가이, 서여니 높고 아름다운 산맥들

Хойт зүгийн чимэг болсон ой хөвч уулнууд
북쪽의 절경인 우거진 숲과 산들

Мэнэн, Шарга, Номины өргөн их говиуд
메넹, 샤르가, 너민니 넓고 큰 고비들

Өмнө зүгийн манлай болсон элсэн манхан далайнууд

남 쪽의 경치의 절정인 모래로 만들어진 언덕들

Өлгий сайхан ууланд өвгөдийг тавьсан газар

요람과도 같은 산에 조상님들을 모신 고향

Үр ач хүүхдийн үржиж өссөн газар

우리의 후손들이 번창하여 살아가는 곳

Таван хошуу мал тал дүүрэн бэлчсэн нутаг

오축이 들판에 가득한 고향은

Монгол хүн бидний сэтгэлийг татсан орон

몽골인인 우리의 마음의 고향

Дасгал 3.

Дараах өгүүлбэрүүдийн хоосон зайнд "–д, –с, нар, –чууд, –чүүд, –ууд, –үүд" олон тооны нөхцөлүүдийн зөвийг нь сонгож бичнэ үү.

1. Багш ______ хичээл заадаг.
2. Эрэгтэй ______ эмэгтэйчүүдээс богино насалдаг.
3. Цэцэг ______ салхинд найгаж байна.
4. Тогооч ______ сайхан хоол хийдэг.
5. Хотын төвд шинэ ресторан ______ нээгджээ.
6. Тэр морь ______ хэнийх вэ?
7. Нялх ______ арчилгаа их шаарддаг.
8. Зун болохоор жуулчин.... их ирдэг.

9. Солонгос амралтын өдрүүдээ сайхан өнгөрөөдөг.

10. Залуу техник их сонирхдог.

Дасгал 4.

Цэгийн оронд өгөгдсөн үгсийн зөвийг нь сонгож бичээрэй.

1. Монгол оронд жил бүр олон жуулчилдаг. / а. жуулчин б. жуулчид /
2. Тоглоомын талбай дээр ганцхан тоглож байна. /а. хүүхэд б. хүүхдүүд /
3. 3–р сарын 8–ны өдөр бол баярын өдөр юм. / а. эмэгтэйн б. эмэгтэйчүүдийн /
4. Хаврын улиралд их завгүй байдаг. / а. тариачид б. тариачин /
5. Намар болохоор малынхаа хашаа саравчийг засдаг. / а. малчин б. малчид /
6. Манай сургуульд 10000 гаруй суралцдаг. / а. оюутнууд б. оюутан/
7. Ой модонд олон байдаг. /а. амьтад б. амьтан/
8. Сүүлийн жилүүдэд тохилог зоогийн олширч байна /а. газар б. газрууд/
9. Намар болохоор нүүдлийн буцдаг./ а. шувуу б. шувууд/
10. эрт дээр үеэс нүүдэллэн

амьдарч ирсэн. /а. монгол б.
монголчууд/

Дасгал 5.

Дараах өгүүлбэрүүдийг зөв болгож бичнэ үү.

Жишээ Аав өчигдөр дэлгүүрээс таван хэлнүүдийн толь авсан.
Аав өчигдөр дэлгүүрээс таван хэлний толь авсан.

1. Ээж надад гутлууд авч өгөв.
 -
2. Музейд үзмэр нар бий.
 -
3. Сурагчдын эцэг нар, эх нарын хурал болов.
 -
4. Энэ ууланд ан амьтдууд элбэг байдаг.
 -
5. Миний шүдүүд заримдаа өвддөг.
 -
6. Уулнуудын дээгүүр онгоц нисч байна.
 -
7. Эмчүүд хүнийг эмчилдэг, багшууд хүнийг сургадаг.
 -
8. Багш сурагчуудын насуудыг асуув.
 -

9. Намар усны шувуунууд буцдаг.

-

10. Зарим амьтнууд өвөл болохоор ичдэг.

-

Дасгал 6.

Дараах олон тоотой үгсээр өгүүлбэр зохиож бичнэ үү.

1.Оросууд .

2. Хятадууд .

3. Монголчууд .

4. Солонгосчууд .

5. Японичууд .

6. Цагдаа нар .

7. Тамирчид .

8. Хүүхдүүд .

9. Сургуулиуд .

10. Компаниуд .

ХОЁРДУГААР ХИЧЭЭЛ

Ингэний хоормог

Оюун: Баяр аа сайн яваж ирэв үү, хэзээ нутгаасаа ирэв?

Баяр: Өчигдөр ирлээ. Найзынхаа захьсан ингэний хоормогийг авчирсан, хүргээд өгөх үү?

Оюун: Зүгээр ээ, тэр холоос найз минь авчирсан хоормогийг би өөрөө очиж авалгүй яахав. Дандаа л найздаа ажил удаж болохгүй биз дээ, санаа зовмоор юм.

Баяр: Сүртэй хүн шүү. Найз нар хооронд тийм юм байх, тэгээд ч чи машинаа зарсан гэсэн биз дээ. Дүүгээрээ чамд хүргүүлье.

Оюун: За тэгвэл тэг дээ. Би 6 цагаас хойш гэртээ байна, өнөөдөр орой хаашаа ч гарахгүй.

Баяр: Ойлголоо, би дүүдээ хэлье. Өө мартах дөхлөө, чи багшаасаа номыг нь авсан уу?

Оюун: Авсан, маргааш ажлаа тараад аваад очъё. Дажгүй хөөрхөн, чамбай ном болсон байна лээ. Хүнд хэрэгтэй зөвлөмж ихтэй, хүн уншаад санаа авах юм их байх шиг санагдсан.

Баяр: Их сайн байна. Би тэр номыг чинь 3 хоног хэрэглээд өгье.

Оюун : Болно, болно. Чи бас надад оронд нь уншичихаар өөрийнхөө гоё номнуудаасаа аваад ирээрэй.

Баяр: За хоёулаа тохирлоо. Ирэхдээ марталгүй авчираарай. Чи “найз нь таг саначихжээ” гэж ярьдаг хүн шүү.

Оюун: Мартахгүй ээ, санаа бүү зов.

Баяр: За тэгвэл маргааш уулзъя!

Шинэ үг

ингэ	암낙타	ингэний хоормог	낙타 발효유
хүргэж өгөх	데려다 주다, 배달해 주다	хүргүүлэх	배달하게 하다
мартах дөхөх	잊어 버릴 뻔하다	хэрэглэх	사용하다, 쓰다
тохирох	합의, 결정	хуруу	손가락
үнээ саах	소 젖을 짜다	сургалтын төлбөр төлөх	등록금을 내다
бодон суух	생각을 하다	гаргаж өгөх	배웅하다
туслуулах	도움을 받다	хүнд ажил	중노동, 힘든일
хийлгэх	~하게하다, 일을시키다	жуулчлах	여행하다
жаргалтай	행복하다	индүүдэх	다림질하다
цэцэрлэг	유치원	цэцэрлэгийн багш	유치원 교사
зээлүүлэх	빌려주다	зээ охин	외손녀
яруу найрагч	시인	хариу (даалгаврын)	답
ард түмэн	국민	шүлэг	시
магтан дуулах	찬양하다	мөрөөдөх	꿈꾸다
уламжлан авах	이어받다,	нүүдэлчин	유목민
ахуй	생활살림	эх хэл	모국어
үр хойч	후손	үлдээх	남기다
цаасан дээр буулгах	종이에 기다	цэвэр	깨끗한

ариун	성스러운	арвилах	절약하다
хэмнэх	절약하다	тогос	공작새
зүй зохистой	적합한, 도리에맞는	харьцах	대하다
өөд	위, 위쪽으로	хөгжил дэвшил	발전, 진척
тэмүүлэх	향하다, 지향하다	хамтдаа	함께
шингээх	소화하다,	аялгуу	멜로디
нүүрээ барах	체면을 잃다, 면목이없다	авир	성격
эд	물건	адаг	끝
албат	지배를 받는, 하인	хэрээр	정도껏
исгэрэх	울리다, 휘파람불다	хөнжил	이불
жийх	다리를 펴다	алс	멀리, 먼
гамнах	아껴쓰다	замыг хөөх	길을 쫓다
наадах	놀다, 게임하다	гайхуулах	자랑하다
өд	깃털	бэлчээр	방목지

Дүрэм

Нэрийн хамаатуулахын –аа, – ээ, –оо, –өө нөхцөл 일반재귀어미

몽골어의 명사격 뒤에 위치하여, 해당 단어가 누구에게(무엇에) 소속 혹은 관계되어 있는지를 구분하여 표현하는 역할을 하는 – аа– ээ –оо –өө 어미를 일반재귀어미라고 한다. 일반재귀어미는 해당 단어의 동작주에 상관없이 해당된다. 즉, 1인칭, 2인칭, 3인칭에 소속되지 않고 동작주에 소속된다. 이를 명사 다음에 명사의 격뒤에 –аа, –ээ, –оо, –өө 어미를 바로 연결하여 표현한다. 일반재귀어미가 속격뒤에 붙을 경우는 хаа 된다. 대격형의 말에 붙을 경우는 주로 어간에 붙는다. 즉, 대격의 제로어미 [ ] 뒤에 붙는다. 이 어미는 [(자신의~)] 라는 의미를 나타낸다.

Би ном уншсан. – Би номоо уншсан.

위 예문에서는 첫 번째 문장의 책이라는 단어가 누구에게 소속되는지를 따로 표현하지 않았기 때문에 책이 누구의 것인지 불명확하다. 그러나 두 번째 문장에서 책이라는 단어에 –оо 어미를 연결하여 동작주가 자신의 책을 읽었다는 것이 명확해진 것이다.

–аа, – ээ, –оо, –өө

1. 일반재귀어미 –aa를 바르게 사용하기

일반재귀어미–aa를 첫번째에 음절에 남성모음이 있는 단어에 바로 접속하여 쓴다.

Жишээ нь:

Би ажлaa хийсэн.

나는 나의 일을 했다.

Та надад хаягaa өгөөрэй.

당신이 나에게 당신의 주소를 주세요.

Та гутлaa тайлж орно уу.

당신은 당신의 신발을 벗고 들어가시오.

Би суудлaa сольж болох уу?

내가 자리를 바꿔도 됩니까?

Хэдэн цаг болж байна, цагaa хар даа.

몇 시인가, 너의 시계를 봐라.

Би маргааш нэг найзындaa очно.

나는 내일 나의 친구 집에 간다.

Нэрээ дуудахаар гарaa өргөөрэй.

이름을 부르면 손을 드세요.

Зурагтaa унтраагаад унтаарай.

텔레비전을 끄고 자야 한다.

2. 일반재귀어미 –oo를 바르게 사용하기

일반재귀어미 –oo를 첫번째에 음절에 남성모음이 있는 단어 뒤에 붙여 쓴다.

Жишээ нь:

Би шинэ ном**оо** уншиж дууссан.
나는 나의 새로운 책을 끝까지 다 읽었다.

Аав нь охин**оо** үнсэв.
아버지가 자신의 딸에게 뽀뽀를 해주었다.

Эгч ор**оо** хурааж байна.
누나가 누나의 침대를 정리하고 있다.

Гадаа их хүйтэн байна, цонх**оо** хаа!
밖에 많이 춥다, 창문을 닫아라!

Чи тоглож дуусаад тоглоом**оо** хураагаарай.
너는 놀이가 끝나고 너의 장난감을 정리해라.

Дүү минь оймс**оо** угааж байна.
나의 동생이 자신의 양말을 빨고 있다.

Бат хоол**оо** өөрөө хийдэг.
바트 자신이 직접 요리를 한다.

Хоолойг**оо** сөөтөл хашгирлаа.
나의 목이 쉬도록 소리를 질렀다.

3. 일반재귀어미 –ээ를 바르게 사용하기

일반재귀어미 –ээ를 첫번째 음절에 여성모음이 있는 단어 뒤에 바로 붙여 쓴다.

Жишээ нь:

Тэр оюутан хичээл**ээ** сайн давтдаг.
그 학생이 자신의 수업을 잘 복습한다.

Чи өвлийн өвгөнөөс бэлг**ээ** авсан уу?
너 산타할아버지에게 선물 받았니?

Ээжд**э**э заавал захиа бичээрэй.
어머니에게 반드시 편지를 써라.

Та энд овог нэр**ээ** бичнэ үү.
당신이 여기에 당신의 성함을 쓰세요.

Би үзг**ээ** мартаад иржээ.
내가 펜을 두고 왔다.

Эмнэлэгт үзүүлээд эм**ээ** авсан уу?
병원에서 진료 받고 약을 받아 왔어?

Шинэ үгс**ээ** сайн цээжлээрэй.
새 단어를 잘 외우세요.

4. 일반재귀어미 –өө를 바르게 사용하기

일반재귀어미 өө를 첫번째 음절에 여성모음이 있는단어 뒤에 바로 붙여 쓴다.

Жишээ нь:

Бат сургалтын төлбөрөө төлсөн.
바트가 바트의 등록금을 냈다.

Тэр хүн хөлсөө ч арчих завгүй ажиллаж байна.
그 사람이 땀을 닦을 새도 없이 일하고 있다.

Ээж минь өглөө эрт босч өрхөө татдаг.
나의 어머니가 아침 일찍 일어나서 환기창을 연다.

Тэр халтирч унаад хөлөө гэмтээжээ.
그가 미끄러져서 다리를 다쳤다.

Би банкны өрөө төлж дууссан.
나는 은행 대출금을 다 갚았다.

Чи явах өдрөө хэлээрэй.
너는 너의 가는 날을 말해줘라.

Хөшгөө нээхэд нар дээр мандсан байлаа.
커튼을 걷었을 때 해가 중천에 떠 있었다.

5. 일반재귀어미를 장모음과 이중모음으로 끝나는 단어에 바르게 사용하기

일반재귀어미를 장모음 및 의중모음으로 끝나는 단어의 연결할 때 앞에 –г 자음을 첨가하여 쓴다.

Жишээ нь:

Өвөө өглөө бүр нохой**гоо** салхинд гаргадаг.
할아버지가 아침마다 개를 산책시킨다.

Тариачид ногоо**гоо** хураах цаг болжээ.
농부들이 작물을 추수할 시기가 되었다.

Та надад хөрөө**гөө** өгөөч.
당신이 나에게 당신의 톱을 주세요.

Бэхтэй үзгээр бичдэг тул хуруу**гаа** заримдаа бэх болгодог.
잉크 펜으로 쓰기 때문에 내 손가락에 때때로 잉크가 묻는다.

Би дүү**гээ** цэцэрлэгээс нь авдаг.
나는 나의 동생을 유치원에서 데려온다.

Эмээ**гээ** шатаар өгсөж уруудахад нь тусалж байгаарай.
할머니가 계단을 오르내릴 때 도와줘라.

Гахай**гаа** хооллох цаг болсон байлаа.
돼지에게 밥을 줄 시간이 되어 있었다.

Бид амралтын өдөр багштай**гаа** зугаална.
우리는 휴일에 우리의 선생님들과 놀러간다.

Тариа**гаа** хийлгэх цаг болов.
주사를 맞을 시간이 되었다.

6. 일반재귀어미를 ь– 로 끝나는 단어에 바르게 사용하기

일반재귀어미를 ь– 로 끝나는 단어에 연결할 때 연음부호는 и가 된다.

Жишээ нь:

Миний эгч ирэх жил сургуул**иа** төгсөнө.
나의 누나가 올해 누나의 학교를 졸업할 것이다.

Аав мор**ио** унаад явсан.
아버지가 아버지의 말을 타고 가셨다.

Эгч хон**ио** хариулж байгаа.
누나가 양을 치고 있다.

Та номынхоо дараагийн бот**ио** хэзээ хэвлүүлэх вэ?
당신은 책의 후속편을 언제 발행하나요?

Хан**иа** хайрлаж амьдрах хэрэгтэй.
동반자를 사랑하며 살아야 한다.

Чи надад Солонгос-Монгол тол**ио** өгөөч.
나에게 너의 한몽 사전을 빌려줘.

Чи торгуул**иа** төлөөрэй.
너 벌금을 내라.

Би тот**ио** зармаар байна, чи авах уу?
나는 나의 앵무새를 팔고 싶은데, 네가 살래?

8. 일반재귀어미를 격조사들 뒤에 바르게 사용하기

일반재귀어미는 주격을 제외한 나머지 격조사의 첨가 생략되는 형태의 뒤에 접속한다.

Жишээ нь:

소유격: Би найзынх**аа** гэрт очсон.
Би ээжийнх**ээ** дэргэд сууж байна.

여처격: Би найзд**аа** захиа бичсэн.
Би ээжд**ээ** хайртай.

대　격: Би найзыг**аа** гаргаж өгсөн.
Би ээжийг**ээ** санаж байна.

탈　격: Би найзаас**аа** захиа авсан.
Би ээжээс**ээ** хол байх дургүй.

구　격: Би найзаар**аа** туслуулсан.
Би ээжээр**ээ** бахархдаг.

공동격: Би найзтай**гаа** кино үзсэн.
Би ээжтэй**гээ** гадаад оронд жуулчилна.

방향격: Би найз руу**гаа** явлаа.
Би ээж рүү**гээ** очмоор байна.

주의사항

소유격 조사가 붙은 단어 다음에 일반재귀어미가 바로 들어가게 되면 "해당 단어에 관련된 것"이라는 의미를 가진 "х" 조사를 반드시 앞에 받는다.

Жишээ нь:

Би найзынхаа гэрт очсон.

Бат эгчийнхээ машинаар явсан.

Болд гэр орныхоо ажлыг сайн хийдэг.

Бид өвөөгийнхөө захиасыг биелүүлсэн.

몽골어에는 사람과 사물, 현상이 3인칭으로 분류하며 각각의 조사를 붙여 표현한다.

Жишээ нь:

1인칭

단수 минь	Ах минь жолооч = Миний ах жолооч.
복수 маань	Ах нар маань хөдөө суудаг. = Миний ах нар хөдөө суудаг.

2인칭

단수 чинь	Ах чинь жолооч уу? = Чиний ах жолооч уу?
복수 тань	Ах нар тань хөдөө суудаг уу? = Таны ах нар хөдөө суудаг уу?

3인칭

단수 нь	Ах нь жолооч. = Түүний/тэрний ах жолооч.
복수 нь	Ах нар нь хөдөө суудаг. = Тэдний/тэд нарын ах нар хөдөө суудаг.

구어체에서는 -нь 어미를 화자가 자신에게 해당되는 뜻으로 사용한 경우에 청자 즉, 2인칭에 해당된다는 뜻으로 표현된다.

Жишээ нь:

Миний дүү, **эгч нь** орой ирнэ.
= Миний дүү, **би** орой ирнэ.

Миний хүү, **ээмээ нь** түр гармаар байна.
= Миний хүү, **би** түр гармаар байна.

Багш нь одоо энэ тухай ярьж өгье.
= **Би** одоо энэ тухай ярьж өгье.

Аав нь явлаа, хаалгаа түгжээрэй.
= **Би** явлаа, хаалгаа түгжээрэй.

Дүү нь танд тусална.
= **Би** танд тусална.

Ах нь хийгээд ирье.
= **Би** хийгээд ирье.

Ээж нь хүүгээ үнсье.
= **Би** хүүгээ үнсье.

Унших эх

Би яруу найрагч болохыг хүсдэг. Сайхан эх орноо, ард түмэнтэй нь шүлгээрээ магтан дуулъя гэж мөрөөддөг. Эцэг өвгөдөөсөө уламжлан авсан газар нутаг, нүүдэлчдийн ахуй соёл, эх хэлээ үр хойчдоо тэр чигээр нь үлдээх хүслээ цагаан цаасан дээр буулгахыг зорьдог. Хүн сэтгэлийнхээ гүнд цэвэр ариун байж, цэвэр усаа арвилан хэмнэж, амьд байгальтай зүй зохистой харьцаж, эх дэлхийгээ хайрлан хамгаалж, хүн хүнээ хүндэлж, хөгжил дэвшил өөд хамтдаа тэмүүлье гэсэн сэтгэлээ би аялгуу сайхан монгол хэлээрээ шүлгэндээ шингээе гэж боддог.

Дасгал ажил

Дасгал 1

Цэгийн оронд –аа, –ээ, –оо, –өө нөхцөлүүдийн аль тохирохыг бичээрэй.

Жишээ 1 Бат хоол ____ идсэн.

Бат хоолоо идсэн.

1. Аав цай ____ уусан.
2. Бид дасгал ____ бичсэн.
3. Дүү гар ____ угаасан.
4. Ээж гэр ____ цэвэрлэсэн.
5. Ах хувцас ____ индүүдсэн.

Жишээ 2 Би найз ____ уулзсан.

Би найзтайгаа уулзсан.

1. Бат эгч ____ уулзсан.
2. Оюун дүү ____ уулзсан.
3. Оюутнууд багш ____ уулзсан.
4. Тэр хүн эмч ____ уулзсан.
5. Би өвөө ____ уулзсан.

Жишээ 3 Би гэр ______ ирсэн.

Би гэрээсээ ирсэн.

1. Би сургууль ______ ирсэн.

2. Эгч ажил ______ ирсэн.

3. Би нутаг ______ ирсэн.

4. Тэр эмэгтэй дэлгүүр ______ ирсэн.

5. Захирал бэлтгэл ______ ирсэн.

Жишээ 4 Би дүү ______ тоглоом өгсөн.

Би дүүдээ тоглоом өгсөн.

1. Би аав ______ бэлэг өгсөн.

2. Бат эгч ______ захиа бичсэн.

3. Ээж нь хүү ______ цамц авсан.

4. Би өвөө ______ шатар авсан.

5. Би найз ______ бэлэг авсан.

Жишээ 5 Би ахын ______ байна.

Би ахындаа байна.

1. Би гэрт ______ байна.

2. Би багшийн ______ байна.

3. Би өвөөгийн ______ байна.

4. Би найзын ______ байна.

5. Би анги ______ байна.

Дасгал 2.

Дараах үгсийн ард –аа, –ээ, –оо, –өө нөхцөлүүдийн аль тохирохыг бичээрэй.

1. Чи багштай- уулзсан уу?
2. Та сургууль- хэзээ төгсөх вэ?
3. Та гэрээс - ирэв үү?
4. Гадаа хүйтэн байна, цонх- хаа.
5. Чи Батад зээлүүлсэн мөнгө- авсан уу?
6. Би гэрийн даалгавар- хийж чадсангүй.
7. Оюун сургууль руу- явжээ.
8. Миний дүү найз- утсаар ярьж байна.
9. Манай багш ээ охин их санадаг.
10. Чи ээжид захиа бичээрэй.

Дасгал 3.

Дараах өгүүлбэрүүдэд –ынхаа, –ийнхаа, –тойгоо, –аасаа, –ээрээ, –оо, –ээ, – аа, –даа, –өө, –тэйгээ, –руугаа нөхцөлүүдийн аль тохирохыг сонгож бичнэ үү.

1. Бат англи хэлний ном- уншиж байна.
2. Чи үүнийг багш- сайн асуу.
3. Та онгоцны билет, паспорт, мөнгө- мартав!
4. За, би ажилд- явлаа.

5. Би /чи/ ________ маш их хайртай.

6. Багш охин- ________ амьдардаг.

7. Би найз- ________ гэрийн утасны дугаарыг мартжээ.

8. Тэр эмэгтэй нөхөртэй- ________ хөдөө явсан.

9. Даалгавар- ________ хариунаас нь харж хийж болохгүй.

10. Чи намайг ирэхэд гэр- ________ сайхан цэвэрлээд сууж байгаарай.

Дасгал 4.

Дараах өгүүлбэрүүдийг зөв болгож бичээрэй.

1. Би миний гэрийн даалгавар хийж байна.

   - ________

2. Та таны охиныг санаж байна уу?

   - ________

3. Чи чиний ном аль дэлгүүрээс авсан бэ?

   - ________

4. Би миний мууранд хоол өгч байна.

   - ________

5. Би миний ээжид их хайртай.

   - ________

6. Та таны ахад e–mail бичдэг үү?

   - ________

7. Би миний нөхөртэй маргааш аяллаар явна.

-

8. Би миний аав, ээж, нохойтой амьдардаг.

-

9. Би миний гэрт миний үзэг мартжээ.

-

10. Би миний гэр лүү явж байна.

-

Дасгал 5.

Цэгийн оронд тохирох үгийг сонгон нөхөж бичээрэй.

1. Тэр хүн нүдний   авч арчаад эргүүлэн зүүлээ. /а. шилээ б. шилийгээ в. шилнээсээ/
2. Бат унасан боловч   хөлөө салгасангүй. /а. бөмбөгөө б. бөмбөгнөөсөө в. бөмбөгтэйгөө/
3.   хариулж яваад чоно харсан гэнэ. /а. Малаа б. Малтайгаа в. Малынхаа/
4. Нөхөдтэйгөө ч,   ч сайн нөхөрлөх хэрэгтэй гэв. /а. номоо б. номтойгоо в. номноосоо/
5. Шавхайтай   энд тэндгүй явсан байлаа. /а. гутлаа б. гутлаасаа в. гутлаараа/
6. Цуглуулсан   унадаг дугуй авчээ. /а. мөнгөө б. мөнгөтэйгөө в. мөнгөөрөө/
7. Гар   яваа болохоор санаа зовох хэрэггүй. /а. утсаа б. утастайгаа в. утсаараа/
8. Хүүхдүүд   үгэнд ордог бол маш сайн. /а. эцэг эхийнхээ б. эцэг эхээ в. эцэг эхдээ/

9. Надад ________ түр өгөөч . /а. асаагуураасаа б.асаагуураа в. асаагуууртаа /

10. Өвөө минь ________ байнга сонсдог. /а. радиогоо б. радионыхоо в. радионоосоо /

тэмдэглэл

ГУРАВДУГААР ХИЧЭЭЛ

Орчуулагч Төмөр

Баяр: Сайн байна уу ? Ямар сонин хүн бэ? Монголд хэзээ ирэв?

Оюун: Сайн, би ирээд долоо хоножбайна.

Баяр: Ажлаар ирэв үү?

Оюун: Тэглээ. Солонгосын жуулчдын багийн орчуулагчаар ирлээ.

Баяр: Аа тийм үү. Танай багийн бүрэлдэхүүнд ямар ямар мэргэжлийн хүмүүс ирэв?

Оюун: Эмч, түүхч, угсаатны зүйч, хуульч, зураач, бүжигчин, жүжигчин, барилгачин гээд янз бүрийн мэргэжлийн хүмүүс ирсэн.

Баяр: Та нар хаана байрлаж байна вэ?

Оюун: Бид “Улаанбаатар” зочид буудалд байрлаж байна.

Баяр: Хөдөө нутгаар явах уу?

Оюун: Явна. Манай үзэсгэлэнтэй байгальтай зарим газруудыг үзэхээр төлөвлөсөн. Маргааш Хөвсгөл рүү явна. Дараа нь говийг үзнэ дээ.

Баяр: “Жуулчин” компанийн жолооч нар найдвартай, хариуцлагатай шүү. Тэднийхээр үйлчлүүлнэ биз дээ.

Оюун: Тэгнэ ээ, бид байнга тэднийхээр үйлчлүүлдэг юм.

Баяр: Хөвсгөл ч сайхан, говь ч сайхан. Аль аль нь сайхан даа. Говь руу явахаараа савласан ус авч явахаа мартав! Тэнд цэвэр ус ховор шүү. За тэгээд сайхан аялаад ирээрэй.

Оюун: Баярлалаа, явж ирээд утсаар ярина аа.

Шинэ үг

бүрэлдэхүүн	구성원	нөмөртэй	은신처, 바람을 막아 주는 곳
түүхч	역사학자	угсаатны зүйч	민속학자
барилгачин	건축가	байрлах	위치하다, 묶다
үзэсгэлэнтэй	아름다운	төлөвлөх	기획하다
аль аль нь	어느 쪽이든 모두	хорогдолгүй	손해없이
эдийн засагч	경제학자	уулын бэл	산언저리
нэрлэх	~라고 부르다,	зооглох	잡수시다, 진지드시다
тоолох	수를 세다	нөөцлөх	비축하다
төлөвлөх	기획하다	тамгалах	도장을 찍다
салхилах	바람쐬다	сүүлэх	우유 등을 첨가하다
нарлах	햇빛 쬐다, 일광욕	шар шувуу	올빼미
таглах	막다	багцлах	묶다
нүхлэх	구멍을 내다	тахлах	편자를 박다
захлах	가장 자리를 메우다	ухаантай	똑똑한
боловсролтой	교육 받은, 지적인	инээдтэй	웃긴
эрх чөлөө	자유	аз жаргал	행복
засгийн газар	정부	сонгуулийн тойрог	선거 지구
нэрийн хуудас	명함	ах дүү	형제
эрүүл энх	건강하고 평화로운	савлах	포장하다
хөдөлмөр	노동	газрын хөрс	지표면, 토양

цоожлох	잠그다	замын хөдөлгөөн	도로교통
чийглэх	습기를 머금게 하다, 축축하게 하다	хаваржих	봄을 지내다
танил	낯 익은	арвин	풍부한
ургац	작물	зориг	용기
тостой	기름진	удам	혈통
тэтгэвэрт гарах	정년 퇴임하다	гүү унагалах	말이 망아지를 낳다
үнээ тугаллах	소가 송아지를 낳다	хонь хургалах	양이 새끼를 낳다
ямаа ишиглэх	염소가 새끼를 낳다	бойжуулах	키우다

Дүрэм

Монгол хэлний үг бүтэх ёс
몽골어의 조어법

몽골어의 단어들은 조사를 붙이거나 단어가 합치는 두가지 방식으로 만들어진다. 어간에 조사를 붙여 새로운 단어를 만드는 방식을 파생어라고 한다. 새로운 단어를 만드는 조사는 단독으로 의미를 가지지 않지만 어간에 붙음으로서 뜻을 표현한다. 몽골어의 단어를 만드는 조사들은 많지만 자주 쓰이는 조사를 다음 예문에서 보여준다.

–чин –ч, –л(=ла^4), –тай^3

1. "–чин", " –ч" 조사를 바르게 사용하기

명사의 어간에 –чин, –ч 을 연결하여 쓸 때에는 그 단어가 전문적인 일정 직업을 가리킨다.

Жишээ нь:

тариа- чин тариачин: Тариа**чин** хүн амрах завгүй ажилладаг.

농부는 쉴 틈 없이 바쁘게 일한다.

барилга –чин барилгачин: Миний ах барилга**чин** болсон.

나의 형이 건축가가 되었다.

бүжиг-чин бүжигчин: Би том болоод бүжиг**чин** болох дуртай.

나는 커서 댄서가 되고 싶다.

загас-чин загасчин: Загас**чин** загас барьдаг.

어부는 어업을 한다.

жолоо-ч жолооч: Манай компани жолоо**ч** ажилд авна.

우리 회사가 운전기사를 채용한다.

хууль-ч хуульч: Миний найзын аав нь хууль**ч**.

나의 아버지의 친구가 법률가이다.

түүх-ч түүхч: Алдартай түүх**ч**ийн бичсэн номыг авч уншлаа.

유명한 역사학자가 쓴 책을 사서 읽었다.

2. 동사를 만드는 "–л" 조사를 바르게 사용하기

몽골어 명사의 어원에 –л(–ла, –лэ, –ло, –ло) 조사를 붙여 해당 단어의 뜻에 따라 운영, 사용, 행동, 이용 등의 뜻을 표현하는 동사어가 만들어진다.

❶ 때로는 모음을 취하고 때로는 취하지 않는 자음 (заримдаг гийгүүлэгч –д, ж, з, с, т, х, ц, ч, ш) 으로 끝나는 단어에 "–л"조사를 붙일 때 그 뒤에 모음을 첨가한다. (예: ном+л → номло, ашиг+л → ашигла, хэрэг+л → хэрэглэ, мал+л → малла 등등)

Жишээ нь:

ажил-л ажилла:	Бат нэг компанид ажил**ла**даг. 바트는 어느 회사에 일한다.
таг-ла тагла:	Саваа таг**ла**хгүй орхисон тул цай хөрсөн байлаа. 통 뚜껑을 덮지 않아 차가 식어 있었다.

байр-ла байрла:	Тэд зочид буудалд байр**ла**ж байгаа. 그들은 호텔에 묵고 있다.
сав-ла савла:	Сүүг үйлдвэрт сав**ла**даг. 우유를 공장에서 포장한다.
нэр-лэ нэрлэ:	Үүнийг монголоор юу гэж нэр**лэ**дэг вэ? 이것을 몽골어로 뭐라고 불러요?
төсөв-лө төсөвлө:	Энэ хуралд зориулж сая төгрөг төсөв**лө**в. 이번 회의를 위해 백만투그릭의 예산을 계획했다.
хоол-ло хоолло:	Загасаа өдөр бүр хоолло! 물고기 밥을 매일 줘라!
ном-ло номло:	Пастерууд сүмд ном**ло**дог. 목사들은 교회에서 전도한다.

❷ 모음으로 끝나는 단어의 어간에 "–л" 조사를 바로 연결하여 쓴다. (예: салхи+л → салхил, хүрээ+л → хүрээл, муу+л → муул 등등)

Жишээ нь:

муу-л:	Тэр дандаа хүн муу**л**даг. 그는 늘 남을 험담한다.
тоо-л тоол:	Дүү маань зуу хүртэл тоо**л**ж сурчээ. 동생이 백까지 숫자를 배웠다.
төө-л:	Миний өмдний уртыг төө**л** дөө! 나의 바지의 길이를 뼘으로 재봐라!
сүү-л:	Энэ цайг буцалбал сүү**л**ээрэй. 이 차가 끓으면 우유를 넣어라.
үнэ-л:	Тэр зураач зургаа өндрөөр үнэ**л**эв. 그 화가가 그림 가격을 비싸게 불렀다.
салхи-л:	Эмээ өвөө хоёр байшингийнхаа урд салхи**л**ж суув.

할머니 할아버지가 집 앞에서 바람을 쐬고 앉아 계신다.

хий-л: Энэ бөмбөгийг хийлээд өгөөч!

이 공에 바람을 넣어 주세요!

❸ 때로는 모음을 취하고 때로는 취하지 않는 자음 (заримдаг гийгүүлэгч – д, ж, з, с, т, х, ц, ч, ш)으로 끝나는 단어에 "–л"를 붙일 때 그 앞에 모음을 첨가한다. (예: тус+л → тусал, товч+л → товчил, уут+л → уутал 등등)

Жишээ нь:

багц-л багцал: Энэ савхнуудыг арав арваар багцал.

이 젓가락들을 열개씩 묶어라.

уут-л уутал: Энэ чихрүүдийг өнөөдөр ууталж тавиарай.

이 사탕들을 오늘 포장해 놔라.

зах-л захал: Миний үсийг захалж өгнө үү.

나의 머리 카락을 다듬어 주세요.

борц-л: Махыг өвөл борцолдог.

고기를 겨울에 육포로 만든다.

нүх-л нүхэл: Энэ цаасниудыг нүхэл.

이 종이들에 구멍을 내라.

хайч-л хайчил: Энэ зургийг дууриалгаж хайчил.

이 그림 모양을 따라 가위로 잘라.

товч-л товчил: Гадаа хүйтэн байна, товчоо товчилоорой.

밖에 춥다, 단추를 끼워라.

хүч-л хүчил: Энэ ажлыг хүчилж хийж болохгүй.

이 일을 강제로 하면 안 된다.

④ 연음부호로 끝나는 단어에 "–л" 조사를 붙을 때 ь → и 로변형된다. (예: хувь+л → хувил, сургууль +л → сургуулил, онь+л → онил 등등)

3. "–тай[3]" 조사를 바르게 사용하기

–тай, –тэй, –той를 명사 어간에 붙이면 어떠한 성질을 나타내는 형용사가 만들어진다. 이 어미를 명사 어간에 바로 연결하여 쓰며 남성어에 –тай, –той 를, 여성어에 –тэй 를 연결하여 쓴다.

Жишээ нь:

алдар-тай алдартай:	Алдар**тай** зураач нарын үзэсгэлэн нээгджээ. 유명 화가들의 전시회가 열렸다.
амт-тай амттай:	Чи амт**тай** хоол хийж чадах уу? 너는 맛있는 요리를 할 수 있어?
ухаан-тай ухаантай:	Ухаан**тай** хүнээс асуухаар шийдэв. 똑똑한 사람에게 물어보기로 결정했다.
боловсрол-той боловсролтой:	Өндөр боловсрол**той** хүний үг яриа нь цэгцтэй байдаг. 학력이 높은 사람이 말을 조리 있게 한다.
хөгжил-тэй хөгжилтэй:	Жаахан хүүхдүүдэд хичээл зааж байхад хөжил**тэй** зүйл их тохиолддог. 어린 아이들을 가르치면 재미있는 일이 자주 발생한다.
зориг-той зоригтой:	Зориг**той** хүн юунаас ч айдаггүй. 용감한 사람은 무서운 것이 없다.
инээд-тэй инээдтэй:	Тэр хүн дандаа инээд**тэй** юм ярьдаг. 그 사람은 늘 웃긴 이야기를 한다.

4. 합성어

몽골어에 서로 별개의 두개의 단어가 합쳐 새로운 단어를 만들어지는 경우가 있으며 이를 합성어라고 한다.

Жишээ нь:

эрх чөлөө:	Нью-Йорк хотод асар том **эрх чөлөө**ний хөшөө бий. 뉴욕시에 커다란 자유의 여신상이 있다.
засгийн газар:	**Засгийн газар** бол ард түмэндээ үйлчилдэг. 정부는 국민을 위해 일한다.
цагаан толгой:	Сургуульд анх ороод **цагаан толгой** заалгадаг. 처음 학교에 입학하면 알파벳을 배운다.
төмөр зам:	**Төмөр зам**д ойрхон байдаг учраас дуу чимээ ихтэй. 철도에 가깝게 있기 때문에 시끄럽다.
номын сан:	**Номын сан**д суугаад шалгалтандаа бэлтгэх хэрэгтэй. 도서관에 앉아서 시험 준비를 해야 한다.
морин хуур:	**Морин хуур** хөгжмийн тухай сонирхолтой домог байдаг. 마두금이라는 악기에 관련된 재미있는 전설이 있다.
ах дүү:	Дорж **ах дүү** олуулаа. 더르즈는 형제가 많다.
усан үзэм:	Усан үзмээр дарс хийдэг. 포도로 와인을 만든다.

Унших эх

Би Анагаах Ухааны Их Сургуульд сурдаг. Дунд сургуулийн зургаадугаар ангиасаа эхлэн ямар мэргэжилтэй болбол сайхан талаар боддог байсан юм. Барилгачин болж барилга барих уу? Малчин болж хөдөө амьдрах уу? Эмч, инженер эсвэл нисгэгч болох уу? Аль нь дээр бол гэж боддог байлаа.

Нэг жилийн Цагаан сараар нагац эгч Намсрангийндаа очвол манай өвөө алдартай мэс заслын эмч байсан талаар ярьж өглөө. Тэр өдрөөс хойш би өвөө шигээ сайн эмч болохоор зориг шулуудсан юм.

Дасгал ажил

Дасгал1.

Дараах өгүүлбэрүүдийн нийлмэл үгсийг олж доогуур нь зураарай.

Жишээ Сарнай бол сайхан үнэртэй цэцэг.

1. Манай аав оройн зургаан цаг хүртэл ажилладаг.
2. Тэд өчигдөр галт тэргээр ирсэн.
3. Миний эгч Их сургуульд сурдаг.
4. Хүмүүс эрүүл энх, аз жаргалтай амьдрахыг хүсдэг.
5. Энэ хоол сайхан амттай байна.
6. Шар шувуу шөнө нисдэг.
7. Монгол улсад аялал жуулчлал амжилттай хөгжиж байна.
8. Ариунаа ардын дууг сайхан дуулдаг.
9. Барилгачин хүний хөдөлмөр амархан биш.
10. Бид гадаад хэлний хичээл дээр өдөр бүр шинэ үг цээжилдэг.

Дасгал 2.

Дараах үгсэд –л, –ла^{4} нөхцөлүүдийг зөв хэрэглэснийг нь олоод өгүүлбэр болгож бичээрэй.

загасчил загасчла

хөдөлмөрөл хөдөлмөрлө

цээжил цээжлэ

нэрэл нэрлэ

савал савла

дуула- дуул

байрла байрал

зарла зарал

багцла багцал

цоожло- цоожил

малал малла

Дасгал3.

Дараах үгсийг зөв харгалзуулж өгүүлбэр зохиож бичнэ үү.

төмөр шувуу

галт онгоц

номын сан

усан тэрэг

шар сургууль

аз зам

цагаан дуу

Их жаргал

монгол толгой

Дасгал 4.

Дараах өгүүлбэрүүдэд шинэ үг үүссэнийг олж язгуур болон дагавраар нь салгаж бичээрэй.

Жишээ Гадаа хөгшид нарлаж байна. /нар– лаж/

1. Борооны ус газрын хөрсийг чийглэдэг.
2. Монголд малчин хүн олон, солонгост загасчин хүн олон байдаг.
3. Охид жимс савлав.
4. Манай тосгон модтой уулын хажууд байдаг.
5. Манай компанийн захирал үнэтэй машин унадаг.
6. Худалдагч бараагаа тоолж байна.
7. Эмч өвчтөнийг эмчилж байна.
8. Та нар хаана байрлаж байна вэ?
9. Жолооч нар замын хөдөлгөөнд анхааралтай оролцдог.
10. Миний танил тариачин арвин ургац хурааж авав.

Дасгал 5.

Зөв тохируулж шинэ үг үүсгэнэ үү.

1. гутал	а. утас
2. засгийн	б. –гч
3. гал	в. баримал
4. худалд	г. –ч
5. уран	д. хөлөг
6. гар	е. театр
7. кино	ж. –чин
8. сансрын	з. газар
9. алимны	и. зогсоол
10. машины	к. мод

тэмдэглэл

ДӨРӨВДҮГЭЭР ХИЧЭЭЛ

Таньдаг хүн

Баяр: Оюун аа, саяхан чамайг нэг залуу сураглаж ирсэн.

Оюун: Нэрийг нь асуув уу?

Баяр: Нэрийг нь асуусангүй.

Оюун: Ямар төрхтэй хүн байсан бэ?

Баяр: Гонзгой нүүртэй, цагаан царайтай, жаахан туранхайдуу биетэй, албаны хувцастай хүн байсан.

Оюун: Нүдний шилтэй байсан уу?

Баяр: Дөрвөлжин хар хүрээтэй харааны шил зүүсэн байсан.

Оюун: Том хамартай хүн байсан уу?

Баяр: Том хамартай хүн байсан.

Оюун: Аа тэгвэл тэр хүн манай хүргэн ах байна. Хөгжилтэй зантай, хүнд тусархуу, сайн хүн байдаг юм.

Баяр: Тийм үү, том эгчийн чинь нөхөр үү?

Оюун: Үгүй, бага эгчийн нөхөр Баатар гэдэг хүн.

Баяр: Чи өдөр ямар хоол идсэн бэ?

Оюун: Монгол хоолны газар мөөгтэй шөл, хачиртай хуушуур идсэн. Ингэхэд хүргэн ах минь ямар хэргээр ирсэн юм бол, залгая даа.

Шинэ үг

сураглах	알아보다, 소식을묻다	гонзгой	달걀모양, 타원형의
туранхайдуу	마른편	бөх	견고한
дөрвөлжин	네모난	хүрээ	틀
харааны шил	안경	зүүх	쓰다, 끼다
мохоо	뭉툭한	хэврэг	깨지기 쉬운
тэгш	평평한, 직선	нарийн	섬세한, 자세한
гурвалжин	세모	гашуун	쓴, 쓰라린
хазгай	기울인	өмхий	썩은, 악취를 내는
исгэлэн	신, 신맛의	сиймхий	틈, 사이
хорлол	독, 악	ачаа	짐
нөхөрлөх	~와 친하다, 우정을나누다	аажим	점차, 차차
гаднаа	외부, 외형	цоо шинэ	최신
ув улаан	새빨간	товчхон	간략한
хүйтэвтэр	추운편	хосгүй	짝이없는
зүйрлэшгүй	비교할 수 없는	хязгааргүй	끝없는
ижилгүй	유일무이	ул	바닥, 깔창
эрэг	강가, 강변, 해변	сийрсэн малгай	밀짚모자
дүрс	모양, 형태	сэтгэл хангалуун	만족스런
зөгийн бал	벌꿀	саглагар	이리 저리 뻗은, 갈라진
огтлох	자르다	үхэр тэрэг	소달구지
нимбэг	레몬	шугам	선, 자

тохиромжгүй	부적합한	дэлхийн бөмбөрцөг	지구
байгалийн гамшиг	자연재해	нөөц	비축, 저장
багасах	줄어들다	нисдэг тэрэг	헬리콥터
сувд	진주	улиас	포플러
харвах	쏘다	сум	화살
өнгөрөх	지나다	могой	뱀
ирвэс	표범	Канад	캐나다
ширүүн бороо	거센비	харанхуй	어두운
ялдам	상냥한	фирмийн хувцас	브랜드 의류, 명품
инээмсэглэх	미소 짓다	хямдрал	할인
үйлчлэх	서비스를 제공하다	багын найз	소꿉친구
задгай энгэртэй	오픈식	бүсгүй	아가씨
даашинз	드레스	шуурхай	신속한
сандаал	굽있는 구두	эрээн	산발
хослол	정장	торгомсог	비단결 같은

Дүрэм

Тэмдэг нэр 형용사

형용사는 명사나 동사의 앞에 오며, 사람과 사물, 현상 등의 성질, 색상, 형상, 형태, 상징, 동작의 정도를 가르키는 단어들이다.

1. Сайн, муу, хурдан, удаан, өндөр, нам 등 사물의 성질, 형상을 гурвалжин, дөрвөлжин 삼각, 사각 등 계량 관련 등 형상과 형태 관련 гашуун, шорвог, исгэлэн, өмхий 등 맛에 관련된 등으로 사람과 사물의 성질을 가리키는 단어들을 형용사라 한다.

Жишээ нь:

Муу хүнээс **сайн** хүн олон.
악한 사람보다 선한 사람이 많다.

Сөүл хотод олон **өндөр** байшин байдаг.
서울시에 높은 건물이 많다.

Би **нам** дор газар суух дуртай.
나는 낮은 곳에 앉는 것을 좋아한다.

Багш самбар дээр **гурвалжин** дүрс зурав.
선생님이 칠판에 삼각 모양을 그렸다.

Тэр охин **өргөн** өмд өмсдөг.
그 여자 아이는 (통이) 넓은 바지를 입는다.

Онгоц **хурдан** нисдэг.
비행기가 빨리 난다.

Монголчууд "яст мэлхий шиг **удаан**" гэж ярьдаг.
몽골에서는 "거북이처럼 느리다"고 말한다.

❷ 형용사는 사람과 동물, 사물, 현상 등의 성질, 색상, 동작의 진행 정도를 가리키며 기본적인 역할로는 명사의 격의 영향을 받지 않지만 명사의 역할인 경우 수사, 격조사, 인칭 조사로 바뀐다.

Жишээ нь:

Сайн хүнтэй нөхөрлөвөл сарны гэрэл.

좋은 사람을 벗으로 두면 달빛과도 같다.

Муу хүнтэй нөхөрлөвөл могойн хорлол.

악한 사람을 가까이 하면 뱀의 독과 같다.

Би маргааш **саарал машинаа** унана.

나는 내일 나의 회색 차를 탈 것이다.

Бид **бүтэн сайнд** аяллаар явна.

우리가 일요일에 여행을 간다.

Чи хувцас авбал **чанартай хувцасыг** нь аваарай.

너는 옷을 사면 품질이 좋은 옷을 사라.

Манай ангид тооны **авьяастай оюутнууд** байдаг.

우리 반에 수학에 재능이 있는 학생들이 있다.

❸ 형용사 앞에 маш, нэн, тун, улам, асар, үлэмж, тас, цоо, цав 등 수식언을 붙임으로서 그 뜻을 더욱 강세시킨다.

Жишээ нь:

Өнөөдөр гадаа **маш** хүйтэн байна.

오늘 날씨가 아주 춥다.

Энэ асуудлыг **нэн** хурдан шийдвэрлэх хэрэгтэй.

이 문제를 매우 속히 서둘러 해결해야 한다.

Тэр хүн **тун** сайн хүн шүү.

그 사람 무척 좋은 사람이다.

Юмны үнэ **улам** нэмэгдэж байна.

물가가 더욱 오르고 있다.

Хотын төвд **асар** өндөр байшин барьжээ.

시내에 굉장히 높은 건물을 지었다.

Тэр залуу **тас** хар дээл өмсчээ.

그 남자가 검은 델을 입었다.

Надад **цоо** шинэ гутал байгаа.

나에게 한번도 신지 않은 아주 새 신발이 있다.

Дулмаа **цав** цагаан өнгөнд дуртай.

돌마는 새하얀 색을 좋아한다.

❹ 형용사의 어원에 "–втар, –втор, –втөр, –втэр, –дуу, –дүү, –нгуй, –нгүй, –хан, –хон, –хэн, –хөн" 등의 조사를 붙여 뜻을 약세시킨다.

Жишээ нь:

Тэр охин **шаравтар** царайтай.

그 소녀의 얼굴이 누르스름하다.

Өнөөдөр гадаа **хүйтэвтэр** байна.

오늘 밖에 약간 춥다.

Болд **өндөрдүү** нуруутай.

벌드는 키가 큰 편이다.

Та энд өөрийн намтараа **товчхон** бичээрэй.

여기에 자기 소개를 간략하게만 쓰세요.

Багш аа, жаахан **удаавтар** уншиж өгөөч.

선생님, 조금 천천히 읽어주세요.

Миний охин **богиновтор** даашинз өмсдөг.

나의 딸의 드레스는 짧은 편이다.

사람과 동물, 사물과 형상의 성질, 형태, 색상, 모양 등을다른 것과 같은 성질을 비교해 유사하거나 차이가 있음을 표현함을 형용사의 비교급이라고 한다. 형용사의 비교급을 원급, 상급, 최상급 3가지로 분류한다.

❶ 비교하는 대상과 현상, 사물의 이름에 비교하여 연결한 형용사를 수식하여 쓰이는 것을 원급이라고 한다. 원급은 шиг, мэт, адил 등 단어로 형용사를 수식하여 표현한다.

Жишээ нь:

Үлгэрт **салхи шиг** хурдан морины тухай гардаг.
동화에 바람처럼 빨리 달리는 말이 나온다.

Ээж минь **сүү шиг** цагаан сэтгэлтэй хүн байсан.
어머니는 우유처럼 하얀 마음을 가진 분이셨다.

Тэр охин **өндөг мэт** өөгүй цэвэрхэн царайтай.
그 소녀는 달걀 마냥 흠 없이 깨끗한 얼굴을 가졌다.

Чулуу шиг хатуу ааруул идэх муу.
돌처럼 딱딱한 아롤을 먹는 것은 좋지 않다.

Өд шиг хөнгөн юм өөр юу байдаг вэ?
새털처럼 가벼운 것이 또 뭐가 있나요?

Тэр бүсгүй **цэцэг шиг** цэвэрхэн төржээ.
그녀는 꽃처럼 예쁘게 태어났다.

Хөрш айлын Нямаа **үнэг шиг** зальтай.
이웃집 님아는 여우처럼 교활하다.

Чийдэнгээ солиод өрөө маань **өдөр мэт** саруул болов.
등을 갈아 끼우니 방이 낮처럼 밝아졌다.

❷ 비교하는 사물의 이름을 탈격조사를 붙여, 형용사에 관여시켜 표현하며 이를 상급이라고 한다. 상급은 салхинаас хурдан, сүүнээс цагаан, чулуунаас хатуу, уулнаас өндөр 등 단어로 형용사에 관여시켜 표현한다.

Жишээ нь:

Салхинаас ч хурдан болоосой нисээд очмоор байна.
바람보다도 빨리 날 수 있었으면 날아가고 싶다.

Цаснаас цагаан өнгөтэй давс авлаа.
눈보다 흰색의 소금을 샀다.

Хөөнөөс хар, хөвөнгөөс цагаан тэр юу вэ? (Шаазгай)
재보다도 검고, 솜보다도 하얀 것이 무엇이냐? (까치)

Чулуунаас хатуу зүрхтэй хүн байна шүү.
돌보다도 딱딱한 심장을 가진 사람이다.

Уулнаас өндөр улиас мод байдаггүй.
산보다 높은 사시 나무가 없다.

Ажил гэж **толгойтой үснээс олон** байна.
일이 머리털보다 많다.

❸ 일정 현상이 가지고 있는 성질은 다른 현상과 사물이 가진 성질에 비해 훨씬 많다는 뜻을 가진 형용사의 구성을 최상급이라고 한다. 최상급은 хамгийн, туйлын, адгийн, хосгүй, зүйрлэшгүй, ижилгүй 등 단어를 형용사에 관여시켜 표현한다.

Жишээ нь:

Увс нуур бол Монголын **хамгийн** том нуур юм.
옵스 호수는 몽골의 가장 큰 호수이다.

Ээжийн минь хэлсэн үг **туйлын** үнэн байжээ.
어머니가 하신 말씀은 최대의 진실(진리)이었다.

Адгийн муу хүн хүмүүст гай болдог.
최악의 사람이 다른 사람에게 해를 입힌다.

Итали, францад **хосгүй** чамин хувцасны загвар зохиогддог.
이태리, 프랑스에 비할 수 없는 멋진 옷의 디자인이 만들어진다.

Өчигдөр дэлгүүрт **зүйрлэшгүй** үнэтэй алтан гахай харлаа.

어제 가게에서 (어느곳에도) 비할데 없는 비싼 금 돼지를 보았다.

Түүнд **ижилгүй** хурдан морь бий.

그에게 둘도 없는 빨리 달리는 말이 있다.

Унших эх

Нэртэй фирмийн хувцас зардаг хэдэн томоохон дэлгүүр хямдрал зарласан гэж сонсов тэгээд нэгэн дулахан өдөр багын найзтайгаа хамт очлоо. Тэнд олон хүн байлаа. Залуухан худалдагч бүсгүйчүүд ялдамхан инээмсэглэж, түргэн шуурхай үйлчилнэ. Найз минь гал шаргал өнгийн задгай энгэртэй, нимгэн, торгомсог богино даашинз, зузаан ултай сандаал, дугуй сийрсэн малгай авав. Би цагаан саарал өнгөтэй эмэгтэй хослол, арьсан цүнх худалдаж аваад сэтгэл хангалуун гэртээ харилаа.

Дасгал ажил

Дасгал 1.

Дараах өгүүлбэрүүдийн хоосон зайнд тохирох тэмдэг нэрийг бичээрэй.

1. Манай аавд олон ________ морь бий.
2. Номын дэлгүүрээс ________ ном худалдаж авлаа.
3. Манай ангийн оюутнууд ________ сурдаг.
4. Манай сургуулийн хажууд олон ________ мод байдаг.
5. Яст мэлхий ________ явдаг.
6. Онгоц ________ нисдэг.
7. Далайн ус ________ амттай.
8. ________ Хан мөрний эргээр зугаалах ________ байдаг.
9. Багш самбарт ________ дүрс зурж байна.
10. Бар бол ________ амьтан.

Дасгал 2.

Дараах өгүүлбэрүүдийн хоосон зайнд "цоо, маш, хэтэрхий, ув, хөв, шав, их, асар, цав" зэрэг үгсийн тохирохыг сонгож бичнэ үү.

1. Ээж дэлгүүрээс улаан алим авсан.

2. Шинэ орсон цас цагаан өнгөтэй байдаг.

3. Намар зарим модны навч шар өнгөтэй болдог.

4. Надад шинэ гутал бий.

5. Далай холоос хөх өнгөтэй харагддаг.

6. Болд олон ном уншсан

7. Интернетээр мэдээлэл хурдан тархдаг.

8. хүчтэй салхи салхилж байгалийн гамшиг болов.

9. Дэлхийн цэвэр усны нөөц багасч байна.

10. Дэлхийн том хотуудад олон хүн сууж байна.

Дасгал 3.

Дараах өгүүлбэрүүдийн тэмдэг нэрийн харьцуулсан зэргийг олж доогуур нь зураарай.

Жишээ Энэ морь тэр <u>мориноос хурдан</u>.

1. Онгоц нисдэг тэрэгнээс том.

2. Оюун сувд шиг цагаан шүдтэй.

3. Уулнаас өндөр улиас байдаг уу?

4. Антарктид бол хамгийн хүйтэн газар.

5. Цаг бол алтнаас үнэтэй.

6. Цаг хугацаа харвасан сум мэт хурдан өнгөрч байна.

7. Энэ муур ирвэс шиг харагдаж байна.

8. Хяргас нуур Хөвсгөл нуураас жижиг.

9. Канад бол амьдрахад хамгийн сайхан орон.

10. Зун Токио хот Бээжин хотоос халуун байдаг уу?

Дасгал 4.

Тэмдэг нэрсийг тохирох жинхэнэ нэртэй нь холбож бичээрэй.

1. халуун	а. морь
2. зузаан	б. будаг
3. том	в. зун
4. шар	г. төмс
5. өндөр	д. цонх
6. гэрэлтэй	е. хүн
7. хурдан	ж. гацуурхан
8. үнэтэй	з. бараа
9. жижигхэн	и. дүрс
10. гурвалжин	к. ном

Дасгал 5.

Дараах үгсээр өгүүлбэр зохиож бичнэ үү.

1. хамгийн сайхан
2. яст мэлхий шиг
3. хамгийн муухай
4. чоно шиг
5. од шиг
6. алт шиг
7. цэцэг шиг
8. ус шиг
9. үнэг шиг
10. дэндүү үнэтэй

ТАВДУГААР ХИЧЭЭЛ

Ах нь байна

Ах: Байна уу, миний дүү ? Ах нь байна.

Дүү: Байна. Сайн байна уу, ах аа?

Ах: Сайн, манайхан бүгдээрээ сайн уу?

Дүү: Сайн, бид хэд сая оройн хоолоо идэж дуусаад тус тусынхаа ажлыг хийж байна.

Ах: Тус тусынхаа ажлыг хийж байна аа? Аав ээж хоёр юу хийж байгаа юм бэ?

Дүү: Аав ном орчуулж, ээж компьютерт шивж өгч байна.

Ах: Өвөө эмээ хоёр юу хийж байна?

Дүү: Өвөө найзтайгаа шатар тоглож, эмээ дүүд үлгэр ярьж өгч байна.

Ах: Чи юу хийж байна вэ?

Дүү: Би компьютерийн тоглоом тоглож, одоо дэлхийд нэрд гараад байгаа нэг солонгосын хамтлагийн шинээр гаргасан дууг сурах гээд сонсож байна.

Ах: Чи дандаа тоглож болохгүй шүү, хичээлээ сайн хийгээрэй.

Дүү: За, ах аа. Гэхдээ би дандаа тоглоогүй шүү дээ. Энэ дууг сурчихаад сургуулийнхаа урлагын үзлэгт орж, байр эзэлж шагнал авмаар байна.

Ах: Тэгвэл дуугаа сайн сурч, хүмүүсийн өмнө гарч дахин дахин дуулах зэргээр бэлтгэл их хэрэгтэй юм байна даа.

Дүү: Харин тийм, гэвч би олны өмнө гарахаараа сандраад чөлөөтэй дуулж, бүжиглэж чаддаггүй юм аа.

Ах: Тийм хүүхдүүд байдаг, тэр сайн биш. Миний дүү одооноос биеэ чөлөөтэй авч явж сурах хэрэгтэй.

Дүү: Ойлголоо ах аа. Дүү нь хэзээ ч айж, ичиж, сандрахгүй гээд хичээгээд үзье.

Шинэ үг

шивэх (компьютерт)	컴퓨터 자판을 치다	унтрах	꺼지다
бөх барилдах	씨름하다	морь уралдах	말경주를 하다
нум сум харвах	활을 쏘다	мал төллөх	가축이 새끼를 낳다
танхим	홀, 강당	хонох	묵다
үүсэх	생기다	олох	찾다
өдөржин	온종일, 하루종일	хожих	이기다
зам хөндлөн гарах	길을 건너다	асаах	키다
цалингаа авах	월급 받다	байрны мөнгө төлөх	관리비 내다
сэрүүлэг дуугарах	알람이 울리다	ам цангах	갈증이 나다
пиво (шар айраг)	맥주	биеэ үзүүлэх	진찰받다
баяр хүргэх	축하하다	онгоцны билет	비행기표
солонго татах	무지개가 뜨다	болохгүй	할수없는, 불가능한
гол мөрөн	강	үер болох	홍수나다
бүс	허리띠, 지역	шарах	튀기다
жигнэх	찌다	цэлмэх	날씨가 개다, 깨끗이하다
зуд болох	혹한	өвс ногоо	풀
гандах	바래다	нар гарах	해가 나다
цас орох	눈이 오다	бороо орох	비오다

нийслэл хот	수도	туурь	유적
хийд	사원	тайга	우거진 숲
мөнх цаст уул	만년설	үүнээс гадна	그 이외에도,
Цаатан	차탕족	Хасагууд (Казакууд)	카자흐족

Дүрэм

Монгол хэлний зэрэгцүүлэн холбох нөхцөл 몽골어의 동등 접속어 "–ж, –ч"

몽골어의 동등 접속어 "–ж, –ч" 는 해당 조건과 동사로 표현되는 동작, 행위, 그에 관련되는 동사로 표현되는 동작, 행위와 동시에 일어난 뜻을 표현한다. 이 조사는 문장들을 나열하고 연결함으로써 복합 문장을 만드는 역할을 한다.

1. 병렬부사형 "–ж" 조사를 바르게 사용하기

❶ –ж 조사는 유성자음과 단모음, 장모음, 그리고 연음부호로 끝나는 단어에 바로 연결하여 쓴다. 무성자음으로 끝나는 단어에 모음을 첨가하여 쓴다.
(예: сана– санаж, бод –ж бодож, хоно–ж хонож, мэд–ж мэдэж, суу–ж сууж, ол–ж олож, ай–ж айж, сой–ж сойж, гүй–ж гүйж, гуй–ж гуйж, нээ–ж нээж, үз–ж үзэж, хэл–ж хэлж, унш–ж уншиж, соль–ж сольж, тарь–ж тарьж, урь–ж урьж)

Жишээ нь:

Аав ном орчуулж, ээж компьютерт шивж байна.
아버지가 책을 번역하고, 어머니는 컴퓨터에 자판을 치고 있다.

Ээж гэрээ цэвэрлэж, дүү гэрийн даалгавраа хийж байна.
어머니가 집을 청소하고, 동생은 숙제를 하고 있다.

Наадмаар бөх барилдаж, морь уралдаж, нум сум харвадаг.

나담 경기에서 씨름을 하고, 말 경주를 하고, 활을 쏜다.

Монголд хавар мал төллөж, цас мөс хайлж, нүүдлийн шувууд ирдэг.

몽골에는 봄에 가축을 새끼를 낳고, 눈과 얼음이 녹고, 철새가 온다.

Гадаа ширүүн бороо орж, хүмүүс гүйлдэж байна.

밖에서 찬 비가 오고, 사람들이 뛰어 다닌다.

Бид тэр ууланд машинаар дөхөж очив.

우리가 그 산에 차를 타고 다가갔다.

Хөдөлмөрч аав танаараа бахархаж таныг байнга дурсдаг.

부지런하신 아버지, 당신이 자랑스러우며, 당신을 늘 생각할 것이다.

❷ "–ж, –ч" 조사는 몇몇의 동작, 행위가 차례대로 일어나는 뜻을 표현할 때 쓰이기도 한다.

Жишээ нь:

Үзэгчид суудалдаа сууж, гэрэл унтарч, кино эхлэв.

관객들이 자리에 앉고, 조명이 꺼지고, 영화가 시작되었다.

Найзуудтайгаа ирж, мод түлээ бэлтгэж, ээж аавдаа туслав.

친구들과 와서, 장작과 땔감을 준비하여, 어머니 아버지를 도왔다.

Ээж минь өглөө эрт босч, гал түлж, цай чанадаг.

나의 어머니가 아침 일찍 일어나, 불을 피우고, 차를 끓인다.

Дулмаа дэлгүүр лүү явж, мах ногоо авч сайхан хоол хийв.

돌마가 가게로 가서, 고기와 야채를 사 와서 맛있는 요리를 만들었다.

Тэнгэр бүрхэж, гадаа хүйтэрч, цасан шуурга шуурав.

하늘이 흐려지고, 날이 추워져, 눈보라가 불었다.

Бид өнгөрсөн зун хөдөө явж, ажил хийж бас сайхан амарсан.

우리가 지난 여름 시골에 가서, 일 하면서 또 휴가를 잘 보냈다.

Бороо арилж, солонго татаж, нар гарлаа.

비가 그치고, 무지개가 뜨고, 해가 났다.

Багш ирж, бидний даалгаврыг шалгаж, дүн тавив.

선생님이 오셔서 우리의 숙제를 검사하고 점수를 매겼다.

2. 병렬부사형 "–ч" 조사를 바르게 사용하기

장모음, 이중모음을 가지며 –р로 끝나는 단어, 하나 이상의 음절을 가지며 –р로 끝나는 단어에 –ч 를 붙인다. 또는 гар, чир, сур 등 몇 개의 소수의 단어에 –ч를 붙여 쓴다. 그 외에도 –с 자음으로 끝나는 단어 즉, багасч, нисч, дасч 등 일부 단어의 경우 –ч를 붙여서 쓴다.

Жишээ нь:

Эгч өглөө бүр эрт босч үнээгээ саадаг.

누나는 아침 일찍 일어나 소젖을 짠다.

Оюун аавaасаа мөнгө авч сургалтын төлбөрөө төлжээ.

어용이 아버지에게 돈을 받아 등록금을 냈다.

Хүү нь сайн сурч, эцэг эхээ баярлуулав.

아들은 공부를 잘 해, 부모를 기쁘게 했다.

Онгоц бүр дээшээ нисч, үүлний цаагуур орлоо.

비행기가 더욱 높이 날아, 구름 뒤로 들어갔다.

Оюутнуудын шалгалт дуусч, гэртээ харьцгаав.

학생들의 시험이 끝나, 고향 집으로 돌아갔다.

Олон хоног шуурга шуурч, бэлчээр цасанд дарагдав.

여러 날동안 바람이 불어, 방목지가 눈으로 덮였다.

Аав цалингаа авч бидэнд мөнгө өгсөн.

아버지가 월급을 받아 우리에게 돈을 주셨다.

Унших эх

Монголд сүүлийн үед аялал жуулчлал их хөгжиж байна. Одоогийн байдлаар Улаанбаатар-Хархорин- Хужирт, Улаанбаатар-Өмнөговь, Улаанбаатар- Хөвсгөлийн 3 чиглэл аяллын гол чиглэл болж байна. Улаанбаатар- Хархорин- Хужиртын чиглэлийн аяллаар Монгол улсын нийслэл Улаанбаатар хоттой танилцаж, 13-р зууны Монгол улсын нийслэл Хархорин хотын туурь, 16-р зууны үед баригдсан Эрдэнэзуу хийдийг үзэж, малчдын амьдралтай танилцаж, морь унаж үзэх боломжтой. Улаанбаатар-Өмнөговийн чиглэлийн аяллаар монголын говийг үзэж, тэмээ унаж үзэх боломжтой.Улаанбаатар- Хөвсгөлийн чиглэлийн аяллаар Хөвсгөл нуурыг үзэж, усан онгоцоор аялж, загас барьж, ой тайгад амьдардаг цаатан хүмүүстэй уулзаж болно. Үүнээс гадна монголын баруун нутгаар аялж, мөнх цаст уул нурууг үзэж болно.

Дасгал ажил

Дасгал 1.

Цэгийн оронд –ж, –ч -гийн аль тохирохыг сонгож бичээрэй.

1. Би өглөө 7 цагт бос- ______ дасгал хийдэг.
2. Бат бөмбөг тогло- ______, аав нь шатар тавьж/нүүж/өрж байна.
3. Би 8 цагт гэрээсээ гар- ______ автобусанд суу- ______ сургуульдаа очдог.
4. Манай хичээл 50 минут ор- ______, 10 минут завсарладаг.
5. Багш хичээл заа- ______, бид анхааралтай сонсо- ______ бичиж авдаг.
6. Би орой гэртээ ирээд оройн хоолоо идэ- ______, цай уу- ______, зурагт үздэг.
7. Би өнгөрсөн зун хөдөө яв- ______ морь унаж сурсан.
8. Намар малчин хүн малаа таргалуул- ______, хашаа саравчаа зас- ______, өвөлд бэлддэг.
9. Шөнийн тэнгэрт одод гялалза- ______, сар туяарна.
10. Бид өдөржин яв- ______, нэгэн үзэсгэлэнтэй байгальтай газар ирсэн.

Дасгал 2.

Энгийн өгүүлбэрийг нийлмэл өгүүлбэр болгож бичээрэй.

Жишээ Би өглөө алим идэх дуртай. Би өглөө сүү уух дуртай .
Би өглөө алим *идэж*, сүү *уух* дуртай.

1. Бороо оров. Солонго татав.
2. Миний дүү зураг зурах дуртай. Бас хөгжим сонсох дуртай.
3. Хавар болов. Амьтад ичээнээсээ гарав.
4. Гадаа бороо орж байна. Гадаа салхи салхилж байна.
5. Орох хаалгаар гарч болохгүй. Гарах хаалгаар орж болохгүй.
6. Би Солонгост сайхан амьдарч байна. Бас сайн сурч байна.
7. Их бороо оров. Гол мөрөн үерлэв. Байгалийн гамшиг болов.
8. Сургуулийн гадаа хямдралтай ном худалдаж байна. Оюутнууд их авч байна.
9. Ах ажлаасаа ирлээ. Эгч ажилдаа явлаа.
10. Хонх дуугарав. Хичээл завсарлав.

Дасгал 3.

Дараах өгүүлбэрүүдийг зөв харгалзуулж бичнэ үү.

1. Тэнгэр цэлмэж	а. оюутан, сурагчид амрав.
2. Өвөл болж	б. гадаа дулаан байв .
3. Хавар болж	в. зарим амьтад ичив.
4. Хонх дуугарч	г. үер болов.
5. Намар болж	д. зуд болов.
6. Шалгалт дуусч	е. бороо оров.
7. Шөнө болж	ж. өвс , ногоо гандав.
8. Цас маш их орж	з. хичээл завсарлав.
9. Бороо их орж	и. нар гарав.
10. Тэнгэр дуугарч	к. сар гарав.

Дасгал 4.

–ж, –ч нөхцөлийн алийг нь залгавал зөв бэ? Зөвийнх нь доогуур зураарай.

1. Би Солонгосын цаг агаарт дасаж/дасч байна .
2. Энэ товчлуурыг дарж/ дарч хаалгыг онгойлгоно.
3. Бид тэмцээнд ялж/ ялч ихэд баярлалаа.
4. Усанд сэлч/ сэлж сурах хэрэгтэй.
5. Тэр олон орноор аялч/ аялж сонирхолтой нэвтрүүлэг бэлджээ.
6. Өндөг хагарч/ хагараж дэгдээхий гарав.

7. Өөхтэй мах идэч/ идэж болохгүй гэж эмч надад зөвлөсөн.
8. Тэд олон жил хамт амьдарж/ амьдарч аз жаргалаа хуваалцжээ.
9. Одоо надад монгол хэл сурах амархан санагдач/ санагдаж байна.
10. Зодооны үед тэр хүн нүүрэндээ цохиулж/ цохиулч гэнэ.

Дасгал 5.

Дараах өгүүлбэрийг гүйцээж бичнэ үү.

1. Ээж ирж ______________________.
2. Оюутнуудын амралт дуусч ______________.
3. Хичээл тарж ______________________.
4. Шөнө болж ______________________.
5. Автобус ирж ______________________.
6. Тэд гадаа гарч ____________________.
7. Түүний төрсөн өдөр болж ______________.
8. Гэрэл унтарч ______________________.
9. Хүү нь ирж ______________________.
10. Батын баг 1–р байранд орж ____________.

ЗУРГААДУГААР ХИЧЭЭЛ

Киногоо үзээд шууд ирээрэй

Баярын ээж:	Миний хүү өнөөдөр юу хийв?
Баяр:	Хичээл тараад, гуанзанд ороод, сургуулийн номын санд ном уншиж байгаад ирлээ, ээж ээ.
Баярын ээж:	Ядрав уу? Орчуулгын ажлаа дуусгаж чадсан уу?
Баяр:	Ядраагүй ээ, бараг дуусгасан шүү. Цөөхөн хэдэн хуудас үлдсэн.

Баярын ээж: За, хувцасаа сольж, гараа угаагаад хоолоо ид.

Баяр: Та юу хийв? Нөгөө эгчид оёод байгаа дээлээ оёчихсон уу?

Баярын ээж: Өнөөдөр барьсангүй ээ. Би үдээс өмнө Их сургууль хамт төгссөн найзтайгаа уулзаж цуг хоолонд ороод ирлээ.

Баяр: Та сайхан хоол хийжээ, надад бол таны хийсэн хоол хамгийн амттай. За би найзтайгаа уулзаад ирье. Сайхан кино гарч байвал кино үзээд ирнэ шүү, ээж ээ.

Баярын ээж: За, битгий оройтоорой. Киногоо үзээд шууд ирээрэй. Эгч чинь өнөө орой ирж хоноод маргааш эндээс ажилдаа явна гэсэн. Эгч чинь чамтай ярих юм байна гэсэн шүү.

Баяр: Би эгчтэй өчигдөр утсаар ярьсан юмсан. Утсаар ийм тийм юм хэлээгүй дээ.

Баярын ээж: Утсаар яриад байх тийм яаралтай зүйл биш байх аа. Уулзахаараа л чамтай ярих гэсэн юм байлгүй.

Баяр: Тийм байх тийм ээ, би оройтохгүй ээж ээ тараад шууд гэртээ ирнэ.

Шинэ үг

донгодох	울다, 지저귀다	(цэцэг) алаглах	만발하다
дуусгах	끝내다	салхинд гарах	바람쐬다
хөрөөдөх	톱으로 자르다	түлэх	태우다
цэцэрлэгт хүргэж өгөх	유치원에 데려다 주다	хөндий	골짜기
уруудах	내려가다	тайлбарлах	설명하다
холих	섞다	хороох	줄이다
инженер	기술자	магтах	찬양하다
урих	초대하다	үс засуулах	머리자르다, 이발하다
даарах	춥다, 춥게 느끼다	эмнэлэгт хэвтэх	병원에 입원하다
тэнцэх	합격하다	эвдрэх	고장나다
хүүхэлдэйн кино	만화영화	ороо хураах	침대를 정리하다

Дүрэм

Монгол хэлний зэрэгцүүлэн холбох нөхцөл 몽골어의 동등 접속어 "–аад[4]"

몽골어의 선행부사형 "–аад[4]" 는 주로 하나의 동작, 행위 이전에 또 다른 동작, 행위가 일어나고 있는, 일어난, 일어날 뜻을 표현한다. 또한 "–аад[4]" 는 한가지 동작 행위의 반복,다음 동작 행위의 이유, 행위나 동작이 부적절하여 이뤄지지 않음을 표현한다.

1. 선행부사형 "–аад" 조사를 바르게 사용하기

- аад 조사를 강세가 있는 음절에 남성 모음이 있는 단어에 붙여 쓴다. (예: аваад, яваад, сураад 등등)
- аад조사를 연음부로 끝나는 단어에 붙일 때 연음부는 "и"가 된다. (예: барь–бариад, харь–хариад등등)
- аад조사를 장모음으로 끝나는 단어에 연결하여 쓸 때 그 앞에 "г" 자음을 첨가하여 쓴다. (예: хураа–хураагаад, суу–суугаад등등)

Жишээ нь:

Манай гэрийнхэн өглөөний цайгаа уу**гаад** ажил, сургуульдаа явдаг.

우리 식구들은 아침 식사를 하고 직장과 학교에 간다.

Бат саяхан хөдөө яв**аад**, өвөөтэйгөө уулз**аад** иржээ.

바트가 얼마전에 시골에 가서, 할아버지를 뵙고 왔다.

Би энэ дүрмийг унш**аад** унш**аад** ойлгохгүй байна.

나는 이 문법을 읽고 읽어도 모르겠다.

Англид сураад их эрдэмтэй хүн болжээ.

영국에서 공부하여 학식이 높은 사람이 되었다.

Батыг хараад хүүгээ санажээ.

바트를 보고 아들이 보고 싶어진 것이다.

Хоол хийж тавиад хүлээсэн боловч ирсэнгүй.

요리를 만들어 놓고 기다렸지만 오지 않았다.

2. 선행부사형 "–оод" 조사를 바르게 사용하기

- оод 조사를 강세가 있는 음절에 남성모음이 있는 단어에 붙여 쓴다. (예: олоод, ороод 등등)
- оод 조사를 연음부로 끝나는 단어에 붙일 때 연음부는 "и"가 된다. (예: соль–солиод, холь–холиод 등등)
- оод 조사를 장모음으로 끝나는 단어에 연결하여 쓸때 그 앞에 "г" 자음을 첨가하여 쓴다. (예: хороо– хороогоод 등등)

Жишээ нь:

Чи гэртээ очоод над руу утасдаарай.

너는 집에 가서 나에게 전화해.

Би дэлгүүрээр ороод ирлээ.

나는 가게에 들렀다 왔다.

Худалдагч аа, энэ гутлыг солиод өгөөч.

여기요, 이 구두를 바꿔주세요.

Та миний түлхүүрийг олоод тавьчихаарай.

당신이 나의 열쇠를 찾아 놓아 주세요.

Хүүхдээ хооллоод салхинд авч гарлаа.

아이들 밥을 먹이고 바람을 쐬러 데리고 나갔다.

Тэднийх шинэ байранд ороод найр хийжээ.

그들이 새집으로 이사를 가고 잔치를 열었다.

Цас их ор**оод** бид замдаа саатлаа.

눈이 많이 와서 우리가 오는 길이 지체되었다.

3. 선행부사형 "ээд" 조사를 바르게 사용하기

- ээд조사는 강세가 있는 음절에 여성모음이 있는 단어에 붙여 쓴다. (예: үзээд, хэлээд, ирээд 등등)
- ээд 조사는 장모음으로 끝나는 단어에 연결하여 쓸 때 그 앞에 "г" 자음을 첨가하여 쓴다. (예: нээ–нээгээд, нүү–нүүгээд 등등)

Жишээ нь:

Гурилыг исг**ээд** мантуу хийдэг.

밀가루를 부풀게 하고 찐빵을 만든다.

Би түлхүүрээ эр**ээд** олсонгүй.

나는 열쇠를 찾아보았지만 못 찾았다.

Бороо зүср**ээд** зогсох янзгүй.

비가 보슬보슬 오는 것이 그칠 것 같지 않다.

Савтай ус дүүр**ээд** хальжээ.

통에 있는 물이 가득차서 넘쳤다.

Энхээг хүлээг**ээд** ирсэнгүй.

잉헤를 기다리니 오지 않았다.

Би мөнгөө хэмн**ээд** явган ирлээ.

나는 돈을 아껴 걸어 왔다.

Цэрэгт байгаа найзыгаа эрг**ээд** иржээ.

군대에 있는 친구에게 면회를 다녀 왔다.

4. 선행부사형 "өөд" 조사를 바르게 사용하기

- өөд 조사는 강세가 있는 음절에 여성모음이 있는 단어에 붙여 쓴다. (예: өгөөд, өргөөд 등등)
- өөд 조사는 장모음으로 끝나는 단어에 연결하여 쓸 때 그 앞에 "г" 자음을 첨가하여 쓴다. (예: зөө–зөөгөөд, хөө–хөөгөөд등등)

Жишээ нь:

Чи энэ мөнгийг ээжид өг**өөд** ир.

네가 이 돈을 어머니에게 주고 와.

Энэ махыг хөшигл**өөд** хөргөгчинд хийгээрэй.

이 고기를 다져서 냉장고에 넣어 놔.

Анхаа сургуулиа төгс**өөд** нэгэн том компанид менежер болсон.

앙하가 학교를 졸업하고 어느 큰 회사의 매니저가 되었다.

Тэр жуулчид машин хөлсл**өөд** хөдөө явсан.

그 관광객들은 차를 임대해서 시골로 갔다.

Түүний эхнэр тәр**өөд** хүүтэй болжээ.

그의 아내가 출산하고 아들을 얻었다.

Тэд ойд төөр**өөд** осгож үхэх дөхсөн гэнэ.

그들은 숲에서 길을 잃고 동사할 뻔했다고 한다.

Би гүйг**ээд** гүйг**ээд** цагтаа ирж амжсангүй.

나는 달리고 달렸는데 제시간에 못 왔다.

Замын хөдөлгөөний дүрэм зөрч**өөд** торгуульжээ.

교통법을 위반해서 과태료를 냈다고 합니다.

Унших эх

Хүү өглөө босоод орoo хураав. Нүүр гараа угаагаа д цайгаа уув. Ширээгээ арчаад загасаа хооллов. Дара а нь дэлгүүр ороод эмээдээ сүү авчирч өгөв. Эмээ нь баярлаад хүүг үнсэв. Хүү зуны даалгавраа хийгээд н айзуудтайгаа хамт гол руу очив. Усанд сэлж наадаад, харьж хоолоо идэв. Дараа нь зурагтаа асаагаад хүүх элдэйн кино үзэв. Киногоо үзэж дуусгаад орондоо о ров. Эмээгийнхээ үлгэрийг сонсоод унтав.

Дасгал ажил

Дасгал 1.

Цэгийн оронд –аад^{4} нөхцөлөөс зөвийг нь сонгож бичээрэй.

1. Би өглөө бүр өглөөний цайгаа уу- ________ хичээлдээ явдаг.
2. Би өглөө бос ________ цонхоо нээдэг.
3. Бат хичээлээсээ ир ________ гэрийн даалгавраа хийдэг.
4. Чи энэ номыг унш ________ утгыг нь надад ярьж өгөөрэй.
5. Чи энэ ажлыг хий ________ гадаа гарч болно.
6. Бат сургуулиа төгс- ________ инженерийн мэргэжилтэй болно.
7. Би монголоор сайн ярьдаг бол- ________ чамтай монголоор ярина.
8. Бид мөнгө төл- ________ автобусанд суудаг.
9. Аав орой ажлаасаа ир- ________ жаахан амрах дуртай.
10. Би энэ номыг унш. ________ ойлгохгүй юм, яах вэ?

Дасгал 2.

–аад[4] нөхцөлийг ашиглаж нийлмэл өгүүлбэр болгоорой.

Жишээ Би шинэ сэдэв уншдаг. Мэдэхгүй үгээ толь бичгээс хардаг.

Би шинэ сэдэв уншаад мэдэхгүй үгээ толь бичгээс хардаг.

1. Би онгоцны билет авна. Маргааш Монгол руу нисно.

2. Бат гуанзанд ордог. Дараа нь номын санд суудаг.

3. Тэр хүн их ядарсан. Тэр унтсан.

4. Миний охин галт тэргээр ирнэ. Тэр автобусаар буцна.

5. Би банкнаас мөнгө авна. Чамд өгнө.

6. Би одоо гэрийн даалгавраа хийнэ. Дараа нь жаахан амарна.

7. Би мэдэхгүй үгээ толь бичгээс харсан. Дараа нь сэдвийг орчуулсан.

8. Бат удахгүй ирнэ. Тантай уулзана гэсэн.

9. Тэр эмнэлэгт хэвтсэн. Бие нь сайн болсон.

10. Тэр оюутан их даарсан. Ханиад хүрсэн.

Дасгал 3.

Зөв харгалзуулж өгүүлбэр болгоно уу.

1. Би орой гэртээ хариад	а. бидэнд хоол хийж өгдөг.
2. Би и–мэйл аваад	б. өглөө эрт боссон.
3. Шалгалтаа өгөөд	в. эм авч уусан.
4. Тэр хүн эмчид үзүүлээд	г. чамд тэр киноны тухай ярьж өгнө.
5. Ээж эрт босоод	д. заавал хариу бичдэг.
6. Би орой унтаад	е. их баярласан.
7. Бат хүнтэй танилцаад	ж. банканд мөнгөө хадгалуулна.
8. Би кино үзээд	з. сонин сэтгүүл уншдаг.
9. Тэр хүн шалгалтандаа тэнцээд	и. хөдөө явж сайхан амарна.
10. Би цалингаа аваад	к. нэрийн хуудсаа өгдөг.

Дасгал 4.

Даараах өгүүлбэрүүдэд –аад[4] нөхцөлтэй үгсийг нөхөж бичнэ үү.

а. давтаад б. гараад в. хийгээд г. яваад
д. уугаад е. тавиад ё. болиод ж. хэвтээд
з. тойроод и. үзүүлээд

1. Болд олон сонин ширээн дээр авчирч ____________ гарлаа.
2. Та нар өчигдрийн хичээлээ ____________ сууж бай.
3. Цүнх, хүзүүний ороолт хоёроо бариад ____________ явлаа.
4. Үнэмлэхээ ____________ орно уу гэж хэлэв.
5. Ажлаа сайн ____________ их цалин авчээ.
6. Хэчнээн яарч байсан ч цайгаа ____________ гараарай.
7. Энэ гудамжийг ____________ их дэлгүүр байдаг гэнэ.
8. Эмнэлэгт ____________ түүний бие сайн болжээ.
9. Хүү нь аавдаа "Сайн ____________ ирээрэй." гэв.
10. Тоглохоо ____________ ажил хийвэл сайн байна.

Дасгал 5.

Дараах өгүүлбэрүүдэд хаалтан доторх үгсээс аль тохирохыг нөхөж бичнэ үү.

1. Би чихэр их ______ шүд минь өвдсөн. (идэн , идээд, идэж)
2. Олон хоног бороо ______ зам эвдэрчээ. (ороод, орон, орж)
3. Ажлаа ______ саунд орно. (таран, тараад, тарж)
4. Эгч хөдөө ______ өчигдөр ирсэн. (явж, яван, яваад)
5. Тэр их ______ ханиад хүрчээ. (даараад, даарч, дааран)
6. Ариунаа цалингаа ______ банканд хийдэг. (аван, аваад, авч)
7. Би энэ номыг ______ ойлгосонгүй. (уншиж, уншаад, уншин)
8. Тэр хүн гадаа ______ сууна. (бодлогошироод, бодлогоширон, бодлогоширч)
9. Эмч миний биеийг ______ эрүүл байна гэсэн. (үзэн, үзээд, үзэж)
10. Тэр их хүйтэн ус ______ хоолой нь өвджээ. (уун, ууж, уугаад)

тэмдэглэл

ДОЛООДУГААР ХИЧЭЭЛ

Сайн хүн

Оюун: Настай өвөөг хүндэтгэн суудалж тавьж өгнө үү.

Залуу зорчигч: Тэгье тэгье, тэгэлгүй яахав. Өвөө та энд суу.

Оюун: Та их сайн хүн юм. Манай зарим залуус суудал тавьж өгөхдөө ер нь л дургүй шүү.

Залуу зорчигч: Хаанаас даа өндөр настан, жирэмсэн эхчүүдэд суудал тавьж өгөн, тэдэнд тусалж байх нь залуус бидний үүрэг шүү дээ.

Оюун: Харин тийм ээ. Гэвч одоо үед тан шиг бодолтой хүн цөөхөн болоод байна. Зарим нэг залуус чихэлдэж шахцалдан, орж ирээд хамгийн түрүүнд нүдэнд туссан суудал руу гүйх нь холгүй очиж суунa гээч. Бариулаас зууран арай ядан тэнцвэрээ олж зогсож байгаа эмээ өвөө нарыг харан, санаа нь зовсон ч шинжгүй суугаад байхыг нь яана.

Залуу зорчигч: Арай үгүй байлгүй дээ.

Оюун: Тиймэрхүү нөхөд бий бий. Манай монголчуудын ах захаа хүндэлдэг сайхан уламжлал мартагдах гээд байна шүү. За үг олдож үхэр холдлоо. Миний буух буудал ч боллоо.

Шинэ үг

ирц бүртгэх	출석을 부르다	горхи	시냇물
жирэлзэн урсах	쉴새 없이 흐르다	бодлогошрох	생각에 잠기다
мяралзан урсах	잔 물결을 일으키며 흐르다	манхан	언덕
эзэгнэх	주인이 되다	мөргөх	부딪히다, 기도하다
хөөрч догдлох	기쁘고 들뜨다	ширтэх	바라보다
суудал тавьж өгөх	자리를 양보하다	яарах	서두르다
эргэж харах	돌아보다	дэгдэх	깡총깡총 뛰다
аягалах	잔에 따르다, 뜨다	харайх	뛰다
мэндлэх	인사하다	дээвэр	지붕
үнсэх	입 맞춤을 하다	гар барих	악수하다
босгох	일으키다	өлгийдүүлэх	포대기에 감싸이다
сургаал	가르침	үеийн	시기의, 당대의
хүүхэд нас	어린나이	урсан одох	흘러가다
шамдах	열심히 하다	элсэлтийн шалгалт	입학시험
баярт мэдээ	기쁜 소식	дуулгах	듣게하다, 전해주다
цаг мөч	시기	гөвөх	털다
ганганах	울다, 지저귀다	халиурах	바람에 날리다
босго	문턱	алхан орох	걸어 들어가다
цэцэн үг	격언	урагшлах	전진하다

үлгэрлэн дуурайх	우상으로 삼아 따라하다	угтуулан бодох	미리 앞서 생각하다
үр	씨앗,자식	дэлгэрэх	피다
дулаарах	따뜻해지다	шилэх	고르다

Дүрэм

Үйлийн хамжин холбох –“н” нөхцөл
“–н” 대등연결어미

몽골어의 동사의 대등연결어미 “–н”은 해당 동작, 행위가 뒤에 연결되는 동사로 인하여 나타나는 동작, 행위의 진행이나 현재의 상태 등을 나타낸다. 이 어미로 인하여 해당 두개의 동작, 행위가 같은 시간에 동시에 이루어지는 관계를 나타낸다.

대등연결어미 “–н” 조사를 바르게 사용하기

❶ 대등연결어미 –н은 동작과 행위의 진행이나 현재의 상태를 의미한다. (예: жирэлзэн, анивчинᄃᆼᄃᆼ)

Жишээ нь:

Уулын жижигхэн горхи жирэлзэ**н** урсана.

산속 작은 냇물이 쉴새 없이 흐른다.

Хонх дуугара**н**, хичээл эхлэв.

종이 울리고 수업이 시작되었다.

Багш дэвтрээ нээ**н**, оюутнуудын ирцийг бүртгэв.

선생님이 출석부를 펴서 학생들의 출석을 불렀다.

Ресторанд хүмүүс ярилца**н**, инээлдэ**н**, дуулалда**н** суунцгаана.

레스토랑에서는 사람들이 얘기하고, 웃고, 노래를 부르고 있다.

Хан мөрөн мяралза**н** урсана.

한강이 잔물결을 치며 흐른다.

Би амьтны мөрийг ялган таньж сурсан.

나는 동물의 발자국을 구분하는 것을 배웠다.

Арван тавны сар мэлтийн гарлаа.

보름 달이 환히 떠올랐다.

❷ –н조사는 자음으로 끝나는 동사 앞에 모음을 첨가하여 쓰고, 모음으로 끝나는 동사 어간에는 바로 연결하여 쓴다. 또 연음부호로 끝나는 동사 어간에 연결할 때는 연음부호는 –и 가 된다. (예: мэдэн, үзэн, хэлэн, уншин, мөргөн 등등)

Жишээ нь:

Ээжийгээ ярин ярин уйлна.

어머니가 그리워 운다.

Ах гартаа тортой юмаа барьж үүргэвчээ үүрэн гарлаа.

형이 손에 봉투에 든 짐을 들고 배낭을 매고 나갔다.

Яван явсаар нэгэн үзэсгэлэнтэй газар ирэв.

가다보니 어느 경치 좋은 곳에 도착했다.

Ойд чоно улин, хүн амьтдыг айлгана.

숲에서 늑대 가울어, 사람과 동물들을 무섭게 한다.

Бид хийх ажлаа ярилцан төлөвлөсөн.

우리가 할 일을 서로 말하고 계획 했다.

Хүү өвөөгийн ажилд туслан ус зөөж, түлээ хагалах болжээ.

아들이 할아버지 일을 도와 물을 길러 옮기고, 장작을 패기로 했다.

Онгоц дээш хөөрөн нислээ.

비행기가 위로 날아 올랐다.

Тэр баярт мөчийг хүн бүхэн догдолон хүлээнэ.

그 기쁜 순간을 모든 사람들이 가슴 설레며 기다린다.

❸ –н 조사는 장모음으로 끝나는 동사에 바로 연결하여 쓴다.

(예: суун, түүн, хаан, нээн, илгээн, болгоон, хөөрөн 등등)

Жишээ нь:

Түүний зөв бурууг шүүн хэлэлцжээ.

그의 잘못을 심판하여 가렸다.

Муур хулганыг мярайн гэтэв.

고양이가 쥐한테 살금살금 다가갔다.

Өрөөнийхөө цонхыг нээн агаар оруулав.

방의 창문을 열어 환기시켰다.

Баяраа найздаа бэлэг илгээн хариу хүлээнэ.

바이라가 친구에게 선물을 보내고 답변을 기다린다.

Сүүдэрт суун ном уншин энэ зуны халууныг өнгөрөөлөө.

그늘에 앉아 책을 읽으면서 이번 여름의 더위를 지나보냈다.

Ууланд хүүхдүүд жимс түүн хөгжилтэй амарч байна.

산에 아이들이 열매를 따면서 재미있게 방학을 보내고 있다.

Унших эх

Ээжийн хайранд өлгийдүүлэн, аавын сургаалыг сонсон, үеийн найз нартайгаа тоглон жаргалтай хүүхэд нас минь урсан одсоор. Одоо эрдэм номд шамдан эх орондоо хэрэгтэй хүн болохыг хүсэн мөрөөднөм. Их сургуулийн элсэлтийн шалгалтаа амжилттай өгч, хөөрч догдлон байж энэ баярт мэдээг аав ээждээ дуулгах сайхан мөч надад ирсэн юм. Модод навчаа гөвөн, нүүдлийн шувууд ганганан гунганан буцаж, алтан шаргал тариа халиуран ганхсан тэр намрын нэгэн өдөр би Их сургуулийн алтан босгыг алхан орж, зорилгоо биелүүлэхийг хичээн шамдан сурч байна.

Дасгал ажил

Дасгал 1.

Дараах өгүүлбэрүүдийн цэгийн оронд –н нөхцөлийг зөв залгаж бичээрэй.

1. Би маргааш дэлгүүрээс гутал худалд- ______ авна.
2. Намайг битгий ширт- ______ хар!
3. Настай хүнийг хүндэтгэ- ______ суудал тавьж өгч бай!
4. Би чамтай уулзахаар яар- ______ ирлээ.
5. Тэр хүүхэд эргэж хар- ______ хар- ______ гүйв.
6. Туулай, хүн хараад дэгдэ- ______ харайлаа.
7. Би танаас урилга хүлээ- ______ авч их баярлалаа.
8. Тэр хүн түрийвчнээсээ мөнгө гарга- ______ тоолов.
9. Тогооч хүмүүст хоол аягал- ______ өгч байна.
10. Малчдын хүүхдүүд морио уна- ______ сургуульдаа явцгаав.

Дасгал 2.

Үгсийг зөв харгалзуулаарай.

1. дүүлэн	а. гаргах
2. нисэн	б. гулдрах
3. шуурэн	в. дуудах
4. бодон	г. ёслох
5. хэвлэн	д. авах
6. яаран	е. хайлах
7. даллан	ж. нисэх
8. чирэн	з. одох
9. мэхийн	и. суух
10. уяран	к. гүйх

Дасгал 3.

Уншаад –н нөхцөлтэй үйл үгсийг зөв байрлуулж бичнэ үү.

а. эргэлдэн	б. бүүвэйлэн	в. дүүлэн
г. эвшээлгэн	д. анивчин	е. зүүдлэн
ё. тойрон	ж. хүндэтгэн	з. нээн
и. тасчин		

1. Лувсан шөнө унтаагүй учир ________ нойрмоглоно.

2. Бяцхан охин ________ сэрэв.

3. Тэнгэрт одод ______ гялалзана.

4. Зөгийнүүд цэцгэн дээгүүр ______ нисцгээнэ.

5. Хүүхдүүд сүлд модыг ______ бүжиглэж байна.

6. Ээж дүүг ______ унтуулав.

7. Ерөнхийлөгчийг ______ угтаж авлаа.

8. Чоно бугыг ______ идэв.

9. Сармагчингууд нэг мөчрөөс нөгөө мөчирт ______ наадна.

10. Салхивчаа ______ агаар оруулав.

Дасгал 4.

Дараах өгүүлбэрүүдийг эх хэлээрээ орчуулна уу.

1. Шувууд байшингийн дээвэр дээр нисэн бууна.
2. Хүүхдүүд уралдан гүйцгээх дуртай.
3. Ээж нь хүүгээ тэврэн үнсэв.
4. Тэд зочидтой гар барин мэндэлцгээв.
5. Хүмүүс гадаа нарлан сууцгаана.
6. Тэр алдартай хүнийг хүндэтгэн сайхан хөшөөг нь босгожээ.
7. Би яараад хоолоо босон суун идлээ.
8. Тэр хүн гадаа бодлогоширон сууна.
9. Охин ээжийгээ тосон гүйлээ.
10. Гадаа бороо асгаран орж байв.

тэмдэглэл

НАЙМДУГААР ХИЧЭЭЛ

Английн багийн хөгжөөн дэмжигч

Оюун:	Ирэх долоо хоногт шалгалттай гэж багш хэлсээр байтал чи хөлбөмбөг үзээд суух юм!
Баяр:	Би шалгалтандаа бэлтгэж байгаа шүү дээ.
Оюун:	Бэлтгэж байгаа чинь надад харагдахгүй л байна даа.
Баяр:	За тэгэж ярьж болохгүй шүү, мэдсээр байж.

Оюун: Юу гэнэ ээ?

Баяр: Би өдөр номын санд суусан. Тэнд хичээлээ давтсаар байгаад нуруу чилээд өлсөөд хүрч ирлээ.

Оюун: Аа тийм үү, намайг уучлаарай.

Баяр: Зүгээр, зүгээр. Дэлхийн хөлбөмбөгийн шувтаргын тоглолтууд эхлээд сэтгэл догдлоод байна. Чи аль багийг дэмждэг вэ?

Оюун: Английн багийн хөгжөөн дэмжигч шүү дээ.

Баяр: Үнэхээр сайн баг шүү.

Оюун: Даан ч манай баг сүүлийн тоглолтуудад муу тоглоод байна. Өчигдрийн тоглолтод харсаар байтал хожигдчихлоо.

Баяр: Эмэгтэй хүүхдүүд хөлбөмбөг нээх үзэж сонирходоггүй биш үү? Хөлбөмбөгийн талаар чи бүр зарим эрэгтэйчүүдээс ч илүү их мэдлэгтэй байна шүү.

Оюун: Тийм байна уу? Ахтайгаа хамт сууж үзсээр байгаад дуртай болчихсон юм шиг ээ. Манай ах яг чам шиг. Хөлбөмбөг гэвэл хамаг ухаан санаагаа алдчихдаг хүн.

Баяр: Хөлбөмбөгийн гоё тоглолтуудыг найз нартайгаа үзээд, яриад суух ч бас сайхан л даа.

Шинэ үг

хүрч ирэх	다가오다	чилэх	지치다, 피로하다
догдлох	들뜨다	дэмжих	격려하다, 지지하다
хөгжөөн дэмжигч	응원가	дэлхийн аварга	세계 챔피언
даанч	하지만	хожигдох	지다
цуцах	지치다	байгуулагдах	설립되다
тэмцээнд оролцох	경기에 참여하다	хөлд орох	걸음마를 떼다
түрүүлэх	우승하다	аварга	챔피언, 우승자
тэшүүр	스케이트	эрэлхэг	용감한
хорогдох	줄어들다	барагдах	고갈되다, 떨어지다
зуруулах	그리게 하다	хөөрхий	불쌍한, 안된
дүүргэх	채우다	цэнгэг	맑은
магтуулах	칭찬받다	эрээлжлэх	희미하게 빛나다
хөнгөрөх	가벼워지다	сэргэх	살아나다, 깨어나다
майлах	울다/양이나 염소/	хуурах	속이다
худалч	거짓말쟁이	хумслах	조금씩 빼먹다

Дүрэм

Монгол хэлний угсруулан холбох нөхцөл 몽골어의 종속 접속어 “–саар^4”

진행부사형 “–саар^4”

진행부사형 “–саар^4” 조사는 첫째, 대략 하나의 동작, 행위가 적지 않은 시간 동안 이어지는 뜻을 표현한다. 둘째, 처음 동작과 행위는 그 다음 동작과 행위의 원인이 되고 있음을 가리킨다. 셋째, 동작, 행위의 재반복되는 상황을 표현한다. 즉, 한국어에서 어떤 일을 계속하고 있는 상황, 어떤 일을 시작하고 그 이후로 지난 시간 및 세월, 그리고 또 어떤 일을 끝까지 하니까 결과가 그렇게 되었다, 그래서 등의 의미를 가리킨다.

예: 1. Манайхан ажлаа хийсээр байгаа.

(Манайхан урд цагт хийж байсан ажлаа одоо ч хийж байгаа.)

2. Би энэ номыг уншсаар 2 жил болж байна.

(Би энэ номыг уншсан. Түүнээс хойш 2 жил болж байна.)

3. Ким Юү На тэшүүрээр маш сайн хичээллэсээр байгаад дэлхийн аварга боллоо.

(Ким Юү На тэшүүрээр маш сайн хичээллэсэн. Тэгээд дэлхийн аварга боллоо.)

"–саар[4]" 조사를 바르게 사용하기

–саар 조사를 강세가 있는 음절에 남성모음이 있는 동사에 연결하여 쓴다. (예: сурсаар, явсаар, харсаар 등등)

Жишээ нь:

Тэр хүн монгол хэл сур**саар** байна.
그는 몽골어를 계속해서 배우는 중이다.

Бат байгалийн зураг зур**саар** байгаа.
바트가 자연 경치 그림을 계속 그리곤 한다.

Тэд авир**саар** уулын оргилд гарав.
그들이 오르고 올라 산정상에 올랐다.

Ээж нь хүүгээ хойноос нь хар**саар** хоцров.
어머니가 아들의 뒷모습을 지켜보면서 남아 있다.

Тэр хоёр шөнө дунд болтол ярь**саар** байлаа.
그 둘은 밤이 늦도록 이야기를 계속하고 있었다.

Су Жон монгол хэл сур**саар** 3 жил болжээ.
소정이가 몽골어 배운지 3년이 되었다.

Унш**саар** байгаад маргааш гэхэд дуусгана гэж өөртөө зорилго тавив.
계속 읽으면서 내일까지 다 읽을 것이라고 자신에게 목표를 세웠다.

"–сээр" 조사를 바르게 사용하기

–сээр 조사를 강세가 있는 음절에 여성모음이 있는 동사에 연결하여 쓴다. (예: ирсээр, хэлсээр, хийсээр 등등)

Жишээ нь:

Би чамайг хүлээ**сээр** байгаад юу ч хийж чадсангүй.

내가 너를 기다리느라 아무것도 못 했다.

Хэл**сээр** байтал чи яагаад дахиад архи уув?

말을 했는데도 네가 왜 또 술을 마셨니?

Жуулчид цувран ир**сээр** байна.

관광객들이 연이어 들어오고 있다.

Бид хоёр үерх**сээр** 3 жил өнгөрчээ.

우리 둘이 사귄지 3년이 지났다.

Би энд ир**сээр** нэг ч кино үзсэнгүй.

내가 여기 온 뒤로 영화를 한 번도 보지 않았다.

Бат гэрлэхгүй тэр бүсгүйг хүлээ**сээр** сууна.

바트는 결혼하지 않고 그녀를 기다리기만 한다.

Дүү минь гэрийн даалгавраа хий**сээр** байгаад их орой унтав.

동생은 숙제를 하다가 늦게 잠들었다.

"–соор" 조사를 바르게 사용하기

–соор 조사를 강세가 있는 음절에 남성모음이 있는 동사에 연결하여 쓴다. (예: бодсоор, орсоор, болсоор 등등)

Жишээ нь:

Чамайг бод**соор** хэдэн шөнө миний нойр хүрсэнгүй.

너를 생각하느라 며칠 밤 잠을 못 이뤘다.

Гадаа цас ор**соор** байна.

밖에 눈이 계속 오고 있다.

Эмээ нь охиныхоо ирэх өдрийг тоол**соор** байв.

할머니가 딸이 올 날을 손꼽아 기다린다.

Би хүн бол**соор** ийм юм үзээгүй.

나는 살아생전에 이런 일을 보지 못했다.

Бат сурагч бол**соор** өглөө эрт босч сурчээ.

바트는 학생이 되고 나서 아침 일찍 일어나는 것을 배웠다.

Ээж дээл оё**соор** сууна.

어머니가 델을 여태 만들고 계신다.

Маш сайн суръя гэвэл бууж өгөлгүй оролд**соор** байх хэрэгтэй.

아주 잘 배우려면 포기하지 말고 계속해서 노력해야 한다.

"–сөөр" 조사를 바르게 사용하기

–сөөр 조사를 강세가 있는 음절에 여성모음이 있는 동사에 연결하여 쓴다. (예: өгсөөр, өнгөрсөөр, зөөсөөр 등등)

Жишээ нь:

Он жилүүд урсан өнгөр**сөөр** байна.

세월이 계속 흘러 지나가고 있다.

Бат зээлээ хугацаанд нь төл**сөөр** байгаад өргүй болжээ.

바트가 대출을 제때 갚다 보니 빚이 청산되었다.

Би сургуулиа төгс**сөөр** 10 жил өнгөрчээ.

내가 학교를 졸업한지 10년이 지났다.

Уулчид өндөр уулын оргил руу өгс**сөөр** байгаа.

등산객들이 높은 산의 정상으로 오르고 있다.

Түүний чих өвд**сөөр** арваад хонож байгаа гэнэ.

그의 귀가 아픈지 열흘이 지났다고 한다.

Хүнд юм өргө**сөөр** байгаад нуруу нь өвддөг болжээ.

무거운 것을 들다보니 허리 병을 얻었다.

Өргөж зөө**сөөр** байгаад мөр нь хөшжээ.

들고 나르다 보니 어깨가 굳었다.

Унших эх

Шөнө кино үзсээр байгаад өглөө эрт босч чадсанг
үй. Дараа нь найзуудтайгаа ойд явж жимс уралдаж т
үүв. Түүсээр байгаад саваа дүүргээд харилаа. Харин
Дорж идсээр байгаад гэдэс нь цадаж бусдаас хоцорл
оо. Хариад ээждээ гэрийн ажилд нь тусалсаар байга
ад магтуулав. Магтуулсандаа баярлаж компьютер то
глоом тоглосоор их удав. Толгой эргэж, нүд эрээлжл
эв. Хаврын цэнгэг агаарт гарч алхсаар бие хөнгөрөв.
Сургуульдаа очиж тоогоо бодсоор толгой минь ч сэр
гэв.

Дасгал ажил

Дасгал 1.

Цэгийн оронд –саар[4] нөхцөлийг зөв холбож бичээрэй.

1. Би энд ир- ______ нэг сар болж байна.
2. Бид хоёр танилц- ______ 10 жил болжээ.
3. Гадаа цас ор- ______ байна.
4. Аав чинь ажлаа хий- ______ байгаа юу?
5. Бат багш хичээлээ заа- ______ байгаа.
6. Тэр хүүхэд чихэр ид- ______ байгаад шүд нь муу болсон.
7. Чиний толгой өвд- ______ байна уу?
8. Ээж чинь чамаас захиа хүлээ- ______ байна.
9. Би "Миний нутаг" шүлгийг унш- ______ байгаад цээжилчихсэн.
10. Тэр хүн хоол их ид- ______ байгаад таргалсан.

Дасгал 2.

–саар[4] нөхцөлийг ашиглаж өгүүлбэр болгоорой.

Жишээ Японоос оюутнууд ______ байна.

Японоос оюутнууд ирсээр байна.

1. Гадаа салхи ______ байна.

2. Манайхан ажлаа байгаа.

3. Бид машинаар нэг хотод очив.

4. Би чамайг байгаад юу ч хийж чадсангүй.

5. Даалгавраа байгаад тэр хүүхдийн гар нь цуцав.

6. Бат солонгос хэл нэг жил болж байна.

7. Би хотод таван жил болж байна.

8. Миний хүү шалгалтаа байгаа.

9. Найз охин чинь чамайг сууна.

10. Бид хоёр арван жил болж байна.

Дасгал 3.

Зөв харгалзуулж өгүүлбэрийг гүйцээж бичнэ үү.

1. Манайхан ажлаа амьдарсаар 5 жил болж байна.

2. Бид машинаар өгсөөр байгаа.

3. Би чамайг салхилсаар байна.

4. Оюутнууд лекцээ явсаар нэг хотод очив.

5. Бат солонгос хэл санасаар сууна.

6. Би хотод хийсээр байгаа.

7. Миний хүү шалгалтаа сурсаар нэг жил болов.

8. Би нутгаа ________ танилцсаар 10 жил болж байна.

9. Бид хоёр ________ бичсээр байгаад гар нь цуцав.

10. Гадаа салхи ________ хүлээсээр байгаад юу ч хийж чадсангүй.

Дасгал 4.

–саар[4] нөхцөлийг ашиглаж нийлмэл өгүүлбэр болгоорой.

Жишээ 1 Би монгол хэл сурч эхэлсэн. Түүнээс хойш 2 жил болж байна.

Би монгол хэл сурсаар 2 жил болж байна.

1. Би Улаанбаатар хотод ирсэн. Түүнээс хойш нэг сар боллоо.

____

2. Би Оюуныг энд хүлээж эхэлсэн. Түүнээс хойш нэг цаг боллоо.

____

3. Би англи хэл сурсан. Түүнээс хойш олон жил өнгөрлөө.

____

4. Бат эхнэр авсан. Тэр цагаас хойш 5 жил боллоо.

____

5. Энэ сургууль байгуулагдсан. Түүнээс хойш 60 жил боллоо.

Жишээ 2 Би энэ номыг уншсан. Тэгээд орой кино үзэхээ мартжээ

Би энэ номыг уншсаар байгаад орой кино үзэхээ мартжээ.

1. Тэр хүн өдөр бүр дасгал хийдэг. Тэгээд сайн тамирчин болсон .

2. Би хичээл бүрийн шинэ үгийг тогтоож байсан. Тэгээд одоо олон үг мэддэг боллоо.

3. Бид хоёр шатар тоглосон. Тэгээд гуанзанд орохоо мартжээ.

4. Монголын бөх бусад орны бөхөөс сайн барилдсан. Тэгээд энэ тэмцээнд түрүүллээ.

5. Оюун жил бүр тэмцээнд оролцсон. Улсын аварга боллоо.

Дасгал 5.

Доорх шүлгийг уншаад цээжлээрэй.

Харандаа 연필

Харандаа хорогдсоор хорогдсоор

연필이 닳고 닳도록

Хамаг бие нь барагдсаар барагдсаар

온몸이 닳아 작아지도록

Үсэг тоог минь бичүүлсээр бичүүлсээр

글자와 숫자를 쓰고 쓰다 보니

Үзсэн харсныг минь зуруулсаар зуруулсаар

보고 보이는 것을 그리고 그리다 보니

Ээ хөөрхий нарийн биеэ дуусгалаа

가여운 그의 가녀린 몸이 모두 닳아버렸다

Надад бүхнээ зориуллаа

나에게 모든 것을 바쳤구나

Эрдэм сурахад тусаллаа

지식을 배우는 것을 도와주었구나

Эрэлхэг чамдаа баярлалаа

용감한 (너)연필아 (늘)고마워

Ж. Дашдондог 데.다시덩덕

ТЭМДЭГЛЭЛ

ЕСДҮГЭЭР ХИЧЭЭЛ

Францаас олдсон эртний бичиг

Баяр: Сайн байна уу, та?

Их сургуулийн багш: Сайн. За сурлага өндөр үү?

Баяр: Таныг би ойрдоо харсангүй. Та ажил ихтэй байна уу?

Их сургуулийн багш: Орост болох нэг Эрдэм шинжилгээний хуралд илтгэл тавихаар бэлтгээд сууж байна.

Баяр: Аа тийм үү, ямар сэдвээр илтгэл тавих вэ?

Их сургуулийн багш: Францаас олдсон эртний нэг бичгийн талаар.

Баяр: Аа , би сонссон. Олон орны эрдэмтэд тэр бичгийг тайлж уншихаар оролдож байгаа гэсэн.

Их сургуулийн багш: Чи бас сүрхий хүү байна шүү. Хаанаас сонсов?

Баяр: Интернэтээс. Би археологийн мэргэжлээр сурдаг болохоор тэр талын шинэ нээлт, мэдээллийг цаг алдалгүй олж авахыг хичээдэг юм.

Их сургуулийн багш: Аа тийм үү?

Баяр: Тайлж уншсан хүнд амьд байхад нь алтаар хөшөөг нь босгоно гэж Франц зарласан. Та тайлж чадсан уу?

Их сургуулийн багш: Миний тайлах ч гэж дээ. Гэхдээ учир начрыг нь олохоор оролдож л байна.

Шинэ үг

эрдэм шинжилгээ	학술	илтгэл тавих	발표하다
сэдэв	주제	археологи	고고학
олдох	찾다	эртний бичиг	고유문자
тайлж унших	독해, 해독하다	сүрхий	굉장한,엄청난
шинэ нээлт	새로운 발명	цаг алдахгүй	지체없이
хичээх	노력하다	хөшөө босгох	동상을세우다
учрыг нь олох	연유를 찾다, 풀다	анагаах ухаан	의학
төсөл	프로젝트	бизнес хийх	사업하다
ногоо тарих	야채 심다	отор	야영
хэвлэх үйлдвэр	인쇄소	адуунд явах	말을 길러가다
цэнгэлдэх хүрээлэн	경기장	зураг авахуулах	사진 찍히다
нягтлан	회계원	тайлан гаргах	보고서를 내다
тооцоо	계산	бүжгэн жүжиг	발레공연
зөвлөгөө	자문, 충고	дамжаанд бүртгүүлэх	학원에 등록하다
хун	백조	нуур	호수
сонирхуулах	구경시키다	сонгодог	클래식
чадварлаг	잘하는, 재주 있는	тайз	무대
урлагийн хүн	예술가	эрх	권리
алхайж хэвтэх	하는 일 없이 놀고 먹다	аргал түүх	말린 소똥을 줍다

Дүрэм

Монгол хэлний угсруулан холбох нөхцөл 몽골어의 종속 접속어 "–хаар[4]"

몽골어의 목적부사형 "–хаар[4]" 어미

몽골어의 목적부사형 "–хаар[4]" 어미는 목적을 이루는 뜻을 표현한다.

"–хаар[4]" 조사를 바르게 사용하기

–хаар형태를 강세가 있는 음절에 남성모음이 있는 단어에 연결하여 쓴다. (예: сурахаар, явахаар, харахаар 등등)

Жишээ нь:

Би энд монгол хэл сура**хаа**р ирсэн.

나는 몽골어를 배우러 여기에 왔다.

Тэр эрдэмтэн олон улсын хуралд илтгэл тави**хаар** явжээ.

그 학자는 국제회의에 연설하러 갔다.

Айл хотлоор явж дүүгээ сургла**хаар** морджээ.

마을 인근을 돌면서 동생을 찾으러 나갔다.

Би танаар гарын үсэг зуруула**хаар** ирлээ.

내가 당신의 서명을 받으러 왔다.

Гэртээ ортол аав аялалд ява**хаар** зэхэж байлаа.

집에 들어가니 아버지가 여행을 가려고 준비하고 계셨다.

Манайхан маргааш амра**хаар** хөдөө явна.

우리들은 내일 휴가 보내러 시골에 간다.

Ерөнхийлөгч гадаадад айлчлахаар өчигдөр морджээ.
대통령이 외국을 방문하러 어제 출발했다.

"–хээр" 조사를 바르게 사용하기

–хээр형태를 강세가 있는 음절에 여성모음이 있는 단어에 연결하여 쓴다. (예: хэлэхээр, үзэхээр, ирэхээр 등등)

Жишээ нь:

Тэд Монголд төсөл хэрэгжүүлэхээр иржээ.
그들은 몽골에 프로젝트를 시행하러 왔다.

Эгч хоол хийхээр гал зуухны өрөөнд оров.
누나가 요리를 하러 부엌에 들어갔다.

Сүхээ эхнэртэйгээ дуурь үзэхээр саяя гарлаа.
수헤가 부인과 함께 오페라를 보러 방금 나갔다.

Ах энэ тухай ээжид хэлэхээр явсан.
형이 이에 대해 어머니에게 말하러 갔다.

Тэр мэс засал хийлгэхээр эмнэлэгт хэвтжээ.
그가 수술을 받으러 병원에 입원했다.

Би чамаас мөнгө зээлэхээр ирлээ.
나는 너에게 돈을 빌리러 왔다.

Сайхан санагдсан тул дахиж ирэхээр шийдээд буцжээ.
마음에 들었기에 다시 오기로 결정하고 돌아갔다.

"–хоор" 조사를 바르게 사용하기

–хоор 형태를 강세가 있는 음절에 남성모음이 있는 단어에 연결하여 쓴다. (예: орохоор, болохоор, тоглохоор등등)

Жишээ нь:

Оюун шинэ ажилд орохоор явжээ.
어용은 새로 취직하러 갔다.

Бат эмч болохоор Анагаах Ухааны Их сургуульд оржээ.
바트는 의사가 되기 위해 의과대학에 입학했다.

Тамирчид тэмцээнд оролцохоор маргаашийн онгоцоор ниснэ.
선수들이 대회에 참석하러 내일 비행기로 간다.

Дүү ахынд очихоор явав.
동생이 형집에 찾으러 갔다.

Сайд нар Берлин орохоор маргааш явна гэнэ.
장관들이 베를린에 가기 위해 내일 떠난다고 한다.

Эмээ нохойгоо хооллохоор гарчээ.
할머니가 개 밥을 주러 나갔다.

Хүүхдүүд хөл бөмбөг тоглохоор гадаа гарсан.
아이들이 축구를 하러 밖에 나갔다.

"–хөөр" 조사를 바르게 사용하기

–хөөр형태를 강세가 있는 음절에 여성모음이 있는 단어에 연결하여 쓴다. (예: өгөхөөр, төлөхөөр, өргөхөөр 등등)

Жишээ нь:

Эгч нь дүүгээ цэцэрлэгт нь хүргэж өгөхөөр явсан.
누나/언니는 동생을 유치원에 데려다 주러 갔다.

Оюутнууд шалгалтаа өгө**хөөр** иржээ.

학생들이 시험을 보러 왔다.

Ах сургалтын төлбөрөө төлө**хөөр** явав.

형이 등록금을 내러 갔다.

Орос улс шинэ хиймэл дагуул хөөргө**хөөр** бэлтгэж байна.

러시아가 새로운 인공위성을 띄우려 준비하고 있다.

Сүсэгтнүүд бурханд мөргө**хөөр** сүмд ирдэг.

신자들은 신에게 기도를 올리고자 절에 온다.

Тэд хүнд өвчтэй хүүд хандив өргө**хөөр** шийджээ.

그들이 중병을 앓는 소년에게 기부를 하기로 결정했다.

Эмээ өнчин хүүг өөр дээрээ авч өсгө**хөөр** болжээ.

할머니가 고아가 된 아이를 직접 거두어 키우기로 했다.

Унших эх

Би П. И. Чаяковскийн “Хунт нуур” бүжгэн жүжгийг үзэхээр театрт дүүтэйгээ очлоо. Тэнд хоёр жилийн өмнө монгол хэл сурахаар ирсэн америк найзтайгаа таарлаа. Монголоор сайн ярьдаг болсон тэрээр аялал жуулчлалын компанид ажиллахаар болсон гэдгээ сонирхуулав. Жүжгээ үзэж дууссаны дараа найз маань монголын бүжгэн жүжигчид сонгодог бүжгэн жүжгийг чадварлаг тоглож байна гэж магтлаа. Харин тайзны урлаг сонирхдог дүү минь энэ жүжгийг үзээд урлагийн хүн болохоор хатуу шийдсэнээ надад тэр орой хэлсэн билээ.

Дасгал ажил

Дасгал 1.

Цэгийн оронд –хаар^{4} нөхцөлийн тохирохыг бичээрэй.

1. Би хувцас ав-   дэлгүүрт очсон.
2. Бат үсээ засуул-   үсчин рүү явсан.
3. Би Солонгос орноор аял-   ирлээ.
4. Тэд кино үз-   кинотеатр луу явцгаажээ.
5. Ким бизнес хий-   Монгол руу явсан.
6. Бат Солонгосын түүхийг судал-   ирсэн.
7. Тэд ядуу хүмүүст тусла-   иржээ.
8. Тэр хүн хуралд илтгэл тави-   явжээ.
9. Ээж эмнэлэг рүү биеэ үзүүл-   явсан.
10. Хүүхдүүд бөмбөг тогло-   гадаа гарсан.

Дасгал 2.

–хаар^{4} нөхцөлийг ашиглаж нийлмэл өгүүлбэр болгоорой.

Жишээ Би монгол хэл сурна. Би Монголд ирсэн.
Би монгол хэл сурахаар Монголд ирсэн.

1. Би ногоо, жимс авна. Дэлгүүр лүү явна.

2. Тэд Москва орно. Өглөө онгоцоор нислээ.

3. Бид шалгалтаа сайн өгнө. Эртнээс бэлтгэж эхэлсэн.

4. Дорж Солонгост сууна. Гэр бүлийнхээ хамт явсан.

5. Тэд музей үзнэ. Тэд автобусаар явав.

6. Бат гуай биеэ эмчлүүлдэг. Эмнэлэгт хэвтдэг.

7. Тамирчид тэмцээнд оролцоно. Тэд Америк руу явлаа.

8. Бат орос хэл сурна. Тэр Орос улс руу явсан.

9. Ах номын санд сууна. Саяхан явсан.

10. Манай ангийнхан хоол иднэ. Гуанз руу явна.

Дасгал 3.

Зөв харгалзуулж өгүүлбэр болгож бичнэ үү.

Жишээ хоол хийхээр

Ээж хоол хийхээр гал зуухны өрөөнд орлоо.

1. Ах хүн тосч авахаар　　　а. номын сан руу явсан.

2. Тэр хүн бизнес хийхээр	б. гадагшаа гарсан.
3. Дүү ном уншихаар	в. шуудан руу явсан.
4. Тэд цирк үзэхээр	г. эмчийн өрөө рүү орсон.
5. Эгч хүнтэй уулзахаар	д. онгоцны буудал руу явсан.
6. Утасны карт авахаар	е. эмнэлэг рүү явсан.
7. Эмээ биеэ үзүүлэхээр	ж. сургууль руугаа явсан.
8. Дулмаа шалгалт өгөхөөр	з. дамжаанд бүртгүүлсэн.
9. Ах компьютер сурахаар	и. олуулаа цугларсан.
10. Өвчтөн зөвлөгөө авахаар	к. Монгол руу явсан.

Дасгал 4.

Цэгийн оронд –хаар[4] нөхцөлийг ашигласан үйл үгийг бичээрэй.

1. Багш нар шалгалт .... явж байна.
2. Оюун түүнийг гаргаж .... онгоцны буудал руу явсан.
3. Би энд эгчтэйгээ .... ирсэн.
4. Тамирчид тэмцээнд .... явсан.
5. Багш хуралд .... Монгол руу явсан.
6. Дорж эмчид .... эмнэлэг рүү явсан.
7. Тэд усанд .... явцгаажээ.

8. Тэр илгээмж __________ шуудан руу явсан.

9. Ах талх __________ дэлгүүр лүү явсан.

10. Манай ах багштайгаа __________ сургууль руу явсан.

Дасгал 5.

–хаар^{4} нөхцөлтэй үгсийг өгүүлбэрүүдэд зөв тохируулна уу.

а. эдгээхээр　　б. ярихаар

в. авахаар　　г. явахаар

д. заалгахаар　　е. ирэхээр

ё. засуулахаар　　ж. болохоор

з. таахаар　　и. татахаар

1. Ерөнхийлөгчийг хүлээн __________ албаны хүмүүс нисэх онгоцны буудал руу явцгаав.
2. Оньсогыг __________ хичнээн оролдоод тааж чадсангүй.
3. Таксигаар __________ их зардал гарах болохоор удаан ч гэсэн автобусаараа л явъя гэж шийджээ.
4. Эм гашуун амттай __________ хүүхдэд уулгахад хэцүү байлаа.
5. Өвчнөө гүйцэд __________ эмнэлэгт дахиад хэд хоног хэвтжээ.
6. Дүүг __________ хурдан гарахгүй бол хичээлээсээ хоцрох байлаа.

7. Утсаар сумын төвийн шуудан руу явдаг цаг нэгэнт өнгөрчээ.

8. Төгөлдөр хуур нэг багштай уулзлаа.

9. Аав машинаа засварын газар луу явсан.

10. Ах тамхи гадагшаа гардаг.

АРАВДУГААР ХИЧЭЭЛ

Та сайн яваад ирээрэй

Оюун: Сайн байна уу, багш аа?

Багш: Сайн, сайн байна уу?

Оюун: Таныг Ховд явахлаар бидэнд хэн хичээл зааж байх вэ?

Багш: Миний оронд Ханд багш хичээл заана. Олон жил заасан туршлагатай багш байгаа. Настай хүн болохлоороо туршлага арвинтай.

Оюун: Та Ховдод бас багшлах юм уу?

Багш: Тийм ээ, томилолтоор тэндэхийн Нэгдүгээр арван жилийн сургуульд хэсэг хугацаанд багшилж байгаад ирнэ.

Оюун: Тэгвэл тэнд очихлоороо бидэндээ захиа бичээрэй.

Багш: Тэгэлгүй яахав. Та нар минь харин сайн сурч байдаг юм шүү.

Оюун: Томилолтын тань хугацаа дуусахлаар та гадаадад явах төлөвлөгөөтэй байгаа гэсэн үү?

Багш: Үгүй ээ. Буцаж ирээд та нартаа хичээлээ заана даа.

Оюун: Яасан сайн юм бэ. Та сайн яваад ирээрэй.

Багш: Баярлалаа. Сайн сууж байгаарай.

Шинэ үг

үүр цайх	동이 트다	хаалганы хонх	도어벨
зэрлэг	야생	зугтаах	도망치다
түвшин	기준, 레벨	дээшлэх	올라가다
газар хөдлөх	지진	нялх хүүхэд	갓난아기, 영아
бөгж	반지	ханах	충족되다, 채워지다
аминд тулах	생사가 걸린	зуслан	여름집, 여름방목지
цагийн ажил	아르바이트	санаа зовох	걱정하다
ертөнц	세상	хоолойгоо засах	헛 기침하다
од түгэх	별이뜨다	сансар	우주
эх дэлхий	지구	тасрах	끊어지다
харь гариг	외계	усч	뱃사공,사공
сансрын нисгэгч	우주비행사	өөх	비계, 지방
өмч	소유, 자산	бэр	며느리

Дүрэм

Монгол хэлний угсруулан холбох нөхцөл 몽골어의 종속 접속어 “–хлаар4”

수반부사형 “–хлаар4” 어미

수반부사형 “–хлаар4” 어미는 해당 동작, 행위를 따른 다음 동작, 행위가 행해질 시간, 이유를 가르킨다. 즉, 동사에 “–хлаар4” 를 붙여서 한 행위가 다른 행위를 수반하는 의미를 나타낸다. 현대 몽골어의 도구격으로 완성되었으며 미래 시제형으로 강조된 “–хлаар4” 어미, 수반부사형 “–хлаар4” 어미는 둘 다 대부분의 경우에 같은 뜻을 나타내기 때문에 혼용하여 쓰는 경우가 있다.

“хлаар4” 조사는 “аар4”조사와 유사하지만 일부 경우에 단독으로 대체되지 못한다. (예: уулзахаар очих, сурахаар явах 등) 단어의 경우уулзахлаар очих, сурахлаар явах 로 대체할 수 없다.

만약 주체가 동일한 경우 해당되는 재귀어미를 가진다.

(예: Ээж нь хүүгээсээ захиа авахлаар их баярладаг. Бат чоно харахлаараа их айдаг гэсэн.)

Тэг–, Ингэ– 등과 같은 동사 인칭대사의 경우 үйлийн төлөөний үг дагалдах нөхцөл үйлийн хэлбэрээр 형태로 문장의 앞에 오는 경우 해당 문장으로 표현되는 동작과 행위의 이유를 표현하는 이전 문장과 연결하는 역할로 쓰인다.

예: Бидний хичээл дууслаа. Тэгэхлээр та харьж болно.
Дархан хот руу шуудангийн онгоц явдаггүй. Ингэхлээр би галт тэргээр явна.

Манай гэр сургуульд ойрхон. Тэгэхлээр би голдуу явган явдаг.

"–хлаар[4]" 어미를 바르게 사용하기

– хлаар어미를 강세가 있는 음절에 남성모음이 있는 단어에 연결하여 쓴다. (예: сурахлаар, гарахлаар, явахлаар 등등)

Жишээ нь:

Хонх дуугара**хлаар** хичээл завсарладаг.
종이 울리면 쉬는 시간이 시작된다.

Нар гара**хлаар** дулаан болдог.
해가 나면 따뜻해진다.

Ном унши**хлаар** шинэ юм мэдэж авдаг.
책을 읽으면 새로운 것을 알게 된다.

Ээжийг ява**хлаар** дүү минь их санадаг.
어머니가 가면 동생이 많이 보고 싶어한다.

Би цалингаа буу**хлаар** чамд хувцас авч өгье.
내가 월급을 받으면 너에게 옷을 사줄게.

Түүний гараас бари**хлаар** дандаа халуун байдаг.
그의 손을 잡으면 손이 늘 따뜻하다.

Архи уу**хлаар** миний толгой өвддөг.
술을 마시면 나의 머리가 아프다.

–хлээр어미를 강세가 있는 음절에 여성모음이 있는 단어에 연결하여 쓴다. (예: ирэхлээр, хэлэхлээр хийхлээр등등)

Жишээ нь:

Гал түлэ**хлээр** гэрт дулаахан болдог.

불을 피우면 집이 따뜻해진다.

Хүүхдүүд ээжийгээ ирэ**хлээр** баярладаг.

아이들은 엄마가 오면 좋아한다.

Ямар ч ажлыг олуулаа хий**хлээр** хурдан дуусдаг.

어떤 일이라도 여럿이서 하면 빨리 끝난다.

Өвөөгөө юм хэлэ**хлээр** хүү үг дуугүй биелүүлдэг.

할아버지가 말씀하시면 소년이 말 없이 따른다.

Ханиад хүрэ**хлээр** хамраас нус гоождог.

감기 걸리면 코에서 콧물이 난다.

Гадаа хүйтрэ**хлээр** нэхий дээл авах санаатай.

날씨가 추워지면 털옷을 살 생각이다.

Анги дүүрэ**хлээр** багш руу утасдаж хэлнэ.

반이 다 차면 선생님께 전화로 말씀 드릴 것이다.

– хлоор어미를 강세가 있는 음절에 남성모음이 있는 단어에 연결하여 쓴다. (예: очихлоор, орохлоор, болохлоор등등)

Жишээ нь:

Ахынд очи**хлоор** дандаа амттай зүйлээр дайлдаг.

형의 집에 가면(형은) 늘 맛있는 것을 대접한다.

Даваag тэмцээнд оро**хлоор** бид дэмжихээр явдаг.

다와가 대회에 참석하면 우리가 응원하러 다닌다.

Хавар боло**хлоор** хүмүүс нимгэн хувцас өмсдөг.

봄이 되면 사람들이 얇은 옷을 꺼내 입는다.

Цас их оро**хлоор** газар цав цагаан өнгөтэй болдог.

눈이 오면 땅이 새하얀 색을 띄게 된다.

Цагдаа торго**хлоор** хүмүүс уурладаг.

경찰이 벌금을 물리면 사람들이 화를 낸다.

Мөнгө олдо**хлоор** тэр даашинзыг авна.

돈이 생기면 그 드레스를 살 것이다.

Хөгжим сонсо**хлоор** ядраад байдаг юм.

음악을 들으면 피곤해진다.

–хлөөр어미는 강세가 있는 음절에 여성모음이 있는 단어에 연결하여 쓴다. (예: өгөхлөөр, хөрөхлөөр, өргөхлөөр등등)

Жишээ нь:

Эмээг мөнгө өгө**хлөөр** би аваагүй.

할머니가 돈을 주셨는데 내가 받지 않았다.

Энэ усыг хөрө**хлөөр** дүүдээ уулгаарай.

이 물이 식으면 동생에게 먹여라.

Хүнд юм өргө**хлөөр** нуруу өвдөөд байдаг болжээ.

무거운 것을 들면 허리가 아파 오곤 했다.

Онгоц хөөрө**хлөөр** надад утасдаж хэлээрэй.

비행기가 뜨면 나에게 전화해라.

Усыг хөлдөө**хлөөр** мөс болно.

물을 얼리면 얼음이 된다.

Өвдөг өвдө**хлөөр** халуун жин тавьж өвчин буулгадаг.

무릎이 아프면 따뜻한 찜질을 하여 통증을 줄인다.

Бөөг бөөлө**хлөөр** зарим хүн айдаг.

무당이 굿을 하면 무서워하는 사람도 있다.

Унших эх

Тэнгэрт одод түгэхлээр би гадаа гарч хязгааргүй с
ансар ертөнцийг төсөөлөн боддог. Эх дэлхийгээс тас
арч харийн ертөнцөөр зугаалахаар явж байна гэж мө
рөөднө. Харь гаригийн хүмүүс “Аватар” кинонд гард
аг шиг царай зүстэй, сайхан сэтгэлтэй байх гэж таам
аглахаар тэдэнтэй хурдан уулзаж танилцах юмсан гэ
ж хүснэ. Ингэж бодохлоор би сансрын нисгэгч болох
ыг л хүснэ.

Дасгал ажил

Дасгал 1.

Цэгийн оронд –хлаар[4] нөхцөлийн тохирохыг нь бичээрэй.

1. Намар бол- ______ өвс ногоо ганддаг.
2. Шөнө бол- ______ тэнгэрт сар гардаг.
3. Зуны амралт эхлэ- ______ оюутнууд завтай болдог.
4. Үүр цайх- ______ гадаа гэрэлтэй болдог.
5. Хонх дуугар- ______ хаалгаа нээж өгдөг.
6. Намайг хүнтэй танилца- ______ миний нөхөр дургүйцдаг.
7. Биеэ өвдө- ______ хүмүүс эмчид үзүүлдэг.
8. Тэнгэр дуугара ______ зарим хүн айдаг.
9. Намар бол- ______ сургуулиудын хичээл эхэлдэг.
10. Би багшийг хурдан яри ______ ойлгодоггүй.

Дасгал 2.

–хлаар[4] нөхцөлийг ашиглаж нийлмэл өгүүлбэр болгоорой.

Жишээ Оюун энд ирнэ. Чи энэ номыг өгөөрэй.

Оюуныг энд ирэхлээр чи энэ номыг өгөөрэй.

1. Хичээл тарна. Чи гэртээ харих уу, номын санд суух уу?

2. Цагийн сэрүүлэг дуугарна. Чи хурдан босоорой.

3. Би самбарт бичнэ. Та нар дэвтэртээ бичээрэй.

4. Наадам болдог. Хурдан морины уралдаан болдог.

5. Харанхуй болно. Хүмүүс гэрлээ асаадаг.

6. Хонх дуугардаг. Хичээл завсарладаг.

7. Шалгалт дууссна. Оюутнууд амарна.

8. Өвөл болно. Цас орж, хүйтэн болж, гол мөрөн хөлддөг.

9. Пак Монголд ирнэ. Би түүнийг угтаж авна.

10. Шинэ кино гарна. Хүмүүс үзэцгээдэг.

Дасгал 3.

Зөв харгалзуулж өгүүлбэр болгоно уу.

1. Батыг ирэхлээр	а. бие сайхан амардаг.
2. Энэ архийг уухлаар	б. би угтаж авна шүү.
3. Эрт унтахлаар	в. уйлдаг.
4. Хичээлийн хонх дуугарахлаар	г. над руу утасдаарай.
5. Чамайг монголд ирэхээр	д. сурагчид завсарладаг.
6. Нар гарахлаар	е. нохой хуцдаг.
7. Малчин айлууд зун болохлоор	ж. миний толгой өвддөг.
8. Би завтай болохлоороо	з. гадаа дулаан болдог.
9. Шөнө чоно ирэхлээр	и. зусландаа буудаг.
10. Хүүхэд өлсөхлөөрөө	к. цагийн ажил олж хийдэг.

Дасгал 4.

Дараах өгүүлбэрүүдийн цэгийн оронд –хлаар, – хлээр, –хлоор, –хлөөр болон –хлаараа, –хлоороо, –хлээрээ, –хлөөрөө нөхцөлүүдийн аль тохирохыг нөхөж бичнэ үү.

Жишээ Аавыг өвдөхлөөр бидний санаа зовдог.
→ Аав өвдөхлөөрөө эмнэлэг рүү явдаг.

1. Намайг яв- ______ хаалгаа түгжээрэй.
   Би яв- ______ чамд хэлнэ.
2. Доржийг дуул- ______ хүмүүс анхааралтай сонссон.
   Дорж дуул- ______ нүүр нь улайдаг.
3. Оюутнууд хичээлээ ойлго- ______ баяртай байдаг.
   Оюутнуудыг хичээлээ ойлго- ______ багш нь баярладаг.
4. Бат утсаар яри- ______ хоолойгоо засдаг.
   Батыг утсаар яри- ______ надад хэлээрэй.
5. Ээж ажлаасаа ир- ______ дүүд чихэр авчирч өгдөг.
   Ээжийг ажлаас ир- ______ дүү минь баярладаг.
6. Аав гэртээ харь- ______ дүүд утсаар хэлдэг.
   Аавыг гэртээ харь- ______ ээж хурдан ирдэг.
7. Хүүхдийг айх- ______ тэвэрч хажуудаа байлгаарай.
   Жаахан хүүхдүүд айх- ______ уйлдаг.

8. Түүнийг ажил хийж эхлэ- ______ бүгд баярладаг.
   Тэр нэг ажил хийж эхлэ- ______ өдөржин шөнөжин хийдэг юм.
9. Надаар дамжуулж хэл - ______ тэр сонсохгүй, өөрт нь шууд хэлээрэй.
   Надаар дамжуулж хэл- ______ энэ утас руу залгаж хэлдэг.
10. Сараа хамт бай- ______ гэр дулаахан сайхан байдаг юм.
    Сараа хамт бай- ______ байнга арчиж цэвэрлэж сайхан цэвэрхэн байдаг даа.

Дасгал 5.

Дараах өгүүлбэрүүдийг гүйцээж бичээрэй.

1. Машины шатахуун дуусахлаар ______ ______.
2. Ширүүн бороо орохлоор ______ ______.
3. Зарим хүн өлсөхлөөрөө ______ ______.
4. Хүүхдүүд хичээлээ тарахлаар ______ ______
5. Би ээжийгээ санахлаараа ______ ______.

6. Намайг дуудахлаар

.

7. Тэр хүн чоно харахлаараа

.

8. Би мөнгөө дуусахлаар

.

9. Гадаа хүйтрэхлээр хүмүүс

.

10. Хавар дулаарахлаар хүүхдүүд

.

АРВАН НЭГДҮГЭЭР ХИЧЭЭЛ

Төрсөн өдрийн бэлэг

Баяр: Сонин юутай вэ?

Оюун: Тайван даа. Чамаар сонин юу байна вэ?

Баяр: Маргааш Ононгийн төрсөн өдөр. Онон найзуудаа орой 6 цагт гэртээ урьсан. Чамайг урьсан биз дээ?

Оюун: Намайг бас урьсан. Манай ажил 6 цагт тарна. Зам их түгжирдэг цаг даа. Гэхдээ би амжаад очно оо.

Баяр: Харин тийм ээ. Түүнд юу бэлэглэвэл зүгээр вэ?

Оюун: Үнэтэй юм бэлэглэвэл түүнийг эвгүй байдалд оруулж магадгүй. Бид түүнийг өдрийн хоолонд урья гэж бодож байгаа.

Баяр: Сайхан санаа байна шүү.

Оюун: Тасалбар олдвол маргааш орой “Тамгагүй төр” гэдэг драмын жүжиг түүнтэй хамт үзье гэж төлөвлөөд байгаа.

Баяр: Надад нэг аятайхан бэлэг санаанд орлоо.

Оюун: Ямар бэлэг?

Баяр: Онон хаадын зурагтай марк цуглуулдаг юм. Чингис хааны тухай шинэ цуврал маркны цомог гарсан байна. Түүнийг бэлэглэвэл ямар вэ?

Оюун: Яг зөв, тэгье. Найз нартаа хурдан хэлье.

Шинэ үг

эвгүй байдалд оруулах	불편한 상황에 처하다	зам түгжрэх	길이 막히다
амжих	해내다	санаанд орох	생각이 나다
цуврал	이어지는, 시리즈	гутах	실망하다
цомог	모음집	ойртох	다가가다
хэлсэн амандаа хүрэх	약속을 지키다	оройтох	늦다
хөвөх	뜨다	хуулах	베끼다, 컨닝하다
сүйрэх	파괴되다	төөрөх	길을 잃다
бүтээл	작품	цанаар гулгах	스키타다
дүрслэх урлаг	미술	гайхамшигтай	훌륭한, 경이로운
уусах	녹다	бүгчим	더운
салхивч	통풍구,환기창	үгийн сан	어휘
сэрээх	깨우다	саатуулах	방해하다
дусал	방울	захих	편지를 전하다
эрэх	찾다	зээлүүлэх	빌려주다
маяг	형식, 양식	хүмүүжүүлэх	가르치다, 훈육하다
үргэлжлэх	계속되다	ядуурах	가난해지다
хэлэлцэх	의논하다	бүлээн	미지근한
хир	정도,만큼	ам алдах	말로 약속하다
инээх	웃다	залуужих	젊어지다
бүтэх	일이 풀리다	хөгшрөх	노쇠하다
эвлэх	조화를이루다	ховлох	이르다

Дүрэм

Монгол хэлний угсруулан холбох нөхцөл 몽골어의 종속 접속어 "–бал⁴, –вал⁴"

가정부사형 "–бал[4], –вал[4]" 는 해당동작, 행위가 다음 동작,행위의 조건, 이유를 표함하는 뜻을 표현한다. 조건이 충족되면, 하나의 동작, 행위가 행해진 다음에 그 다음 동작, 행위가 행해지는 뜻을 표현한다.

1. 가정부사형 "–бал⁴" 어미를 바르게 사용하기

–бал, –бол 는 강세가 있는 음절에 남성모음이 있으며 "в, л" 자음으로 끝나는 동사에 바로 연결하여 쓴다. (예: явбал, авбал, олбол, болбол등등)

Жишээ нь:

Онгоцоор яв**бал** илүү хурдан.
비행기로 가면 더 빠르다.

Чи дэлгүүрээс чихэр ав**бал** надад бас авчихаарай.
네가 사탕을 가게에서 사면 나의 것도 사 줘라.

Шалгалтан дээр хуул**бал** багш муу дүн тавьдаг.
시험 중에 컨닝을 하면 선생님이 나쁜 점수를 준다.

Тэр дуул**бал** их гомдох байх шүү, битгий хэлээрэй.
그가 들으면 많이 섭섭할 것이니, 말하지 마라.

Би эмч бол**бол** хүүхдийн эмч болно.
내가 의사가 된다면 소아과 의사가 되겠다.

Малаа бүгдийг тоол**бол** намайг дуудаарай.
가축을 모두 세면 나를 불러라.

Мөнгөө сайн тооцоол**бол** жаахан дутаж байлаа.

돈을 계산해 보니 조금 모자랐다.

–бэл, –бөл 는 강세가 있는 음절에 여성모음이 있으며 "в, л" 자음으로 끝나는 동사에 바로 연결하여 쓴다. (예: дэвбэл, хэлбэл, төлбөл, хөвбөл등등)

Жишээ нь:

Дэвүүрээр дэв**бэл** жаахан сэрүүцдэг.

부채를 부치면 조금 시원해진다.

Багшид хэл**бэл** хурдан шийдэгдэнэ шүү.

선생님에게 말씀 드리면 빨리 해결되지.

Ажлыг хийж эхэл**бэл** дуусгах хэрэгтэй.

일을 시작했으면 끝을 봐야 한다.

Галаа сайн түл**бэл** гэр хурдан дулаацдаг.

불을 잘 피우면 집이 빨리 따뜻해진다.

Байрны мөнгөө хугацаанд нь төл**бөл** дараа сард амар байдаг.

관리비를 제 때 내면 다음 달이 편하다.

Энэ юм буцлаад усанд хөв**бөл** шууд авч тавиарай.

이게 끓어서 물에 뜨면 바로 꺼내 놔라.

Яндангаа сайн хөөл**бөл** гал сайн асдаг.

굴뚝을 잘 청소하면 불이 잘 피워진다.

2. 가정부사형 "–вал[4]" 어미를 바르게 사용하기

–вал, –вол 는 강세가 있는 음절에 남성모음이 있으며 "в"를 제외한 기타 자음과 모음으로 끝나는 동사에 연결하여 쓴다. (예: байвал, даарвал, очвол, орвол 등등)

Жишээ нь:

Маргааш дулаан бай**вал** бид аяллаар явна.
내일 따뜻하면 우리가 여행을 간다.

Даар**вал** дулаан хувцас өмсөөрэй.
추우면 따뜻한 옷을 입어.

Түүнтэй уулз**вал** мэнд дамжуулаарай.
그를 만나면 안부를 전해줘.

Энэ мөнгийг банканд авч оч**вол** сольж өгнө.
이 돈을 은행에 가면 바꿔준다.

Бороо их ор**вол** үер болно.
비가 많이 오면 홍수가 난다.

Хүн ямар нэг юмыг оролд**вол** хийж чадна.
사람이 무엇이든 노력하면 할 수 있다.

Чамайг тэмцээнд оролц**вол** бид дэмжинэ шүү.
네가 대회에 나가면 우리가 응원할 것이다.

–вэл, –вөл 는 강세가 있는 음절에 여성모음이 있으며, "в" 를 제외한 기타 자음과 모음으로 끝나는 동사에 연결하여 쓴다. (예문: ирвэл, нүүвэл, өгвөл, төөрвөл 등등)

Жишээ нь:

Чамайг манайд ир**вэл** би гоё хоол хийж өгнө шүү.
네가 우리 집에 오면 내가 맛있는 요리를 해줄게.

Танайх маргааш нүү**вэл** надад хэлээрэй.
너희 집이 내일 이사 가면 나에게 말을 해줘.

Сонинд зар өг**вөл** хүмүүс утастдаг.
신문에 광고를 내면 사람들에게 전화가 온다.

Өлс**вөл** энэ махаар хоол хийж идээрэй.
배가 고프면 이 고기로 요리를 만들어 먹어라.

Төөр**вөл** над руу утастаарай.
길을 잃으면 나에게 전화를 해.

Эхнэрээ төрвөл түүнд сайн туслах хэрэгтэй.

부인이 아이를 낳게 되면 그를 잘 도와 줘야 한다.

Пицца хөрвөл амтгүй болдог.

피자가 식으면 맛이 없어진다.

현대 몽골어의 문학 용어에서의 "бал[4]/вал[4]" 조사는 "бол" 형태로 표현되는 경우가 많으며 이는 явсан бол, яваа бол, явдаг бол 등으로 동작과 행위를 강조하여 연결하는 어미의 다음에 들어감으로 두 동작과 행위를 연결하는 경우가 많다.

명사와 현재, 과거, 미래 시제의 명사 다음에 "бол" 을 이용하여 조건과 약속을 표현한다. 조건과 약속을 표현하는 복합형 문장의 주체는 대격 조사를 동반한다.

예: Багшийг ирвэл чи надад хэлээрэй. Та өнөөдөр завтай бол манайд ирээрэй.

부정문의–гүй 다음에 들어가는 "бол" 연결어미를 따로쓴다.

예: Чамайг кино үзэхгүй бол би бас үзэхгүй. Чи энэ номыг уншаагүй бол одоо унш!

조건과 약속을 의미하는 문장이 "хэрэв"이라는 단어로 시작하는 경우가 있다.

예: Хэрэв багшийг ирвэл надад хэлээрэй. Уншаагүй бол одоо уншиж болно.

그러나 "хэрэв"단어를 쓰지 않아도 무방한다.

Жишээ нь:

Миний ээж одоо байсан **бол** 70 настай байх байсан.
나의 어머니가 지금 계셨으면 70세였을 것이다.

Хичээлээ ойлгохгүй **бол** асууж байгаарай.
수업을 이해하지 못 하겠으면 자주 물어봐라.

Шалгалтандаа сайн бэлтгэсэн **бол** зоволтгүй дээ.
시험 준비를 잘 했으면 걱정 없겠네.

Их эрт боссон **бол** нар мандахыг харж чадах байлаа.
너무 일찍 일어났으면 일출을 볼 수 있었을 텐데.

Би түүнтэй уулзсан **бол** заавал чамайг хэлэх байсан.
내가 그를 만났으면 반드시 너에 대해 말했을 것이다.

Тэр пиджак надад таарсан **бол** би шууд авах байсан.
그 자켓이 나에게 맞았더라면 내가 바로 샀을 것이다.

Өөрөө бодоод хариугаа гаргасан **бол** чи их сайн хийжээ.
네가 스스로 풀어서 답을 냈다면 아주 잘 했다.

Унших эх

Эрүүл байвал ажил хийнэ. Ажил хийвэл мөнгөтэй болно. Мөнгөтэй болбол байр худалдаж авна. Байртай болбол эхнэр авна. Эхнэр авбал хүүхэдтэй болно. Хүүхэдтэй болбол хүүхдээ зөв хүмүүжүүлнэ. Хүүхэд зөв хүмүүжвэл эргээд эцэг эхээ асарна. Эргээд бид нийг асарвал бидний санаа амарна. Амьдрал ийм маягаар үргэлжилбэл сайхан. Гэвч нөгөө талаар, өвчтэй байвал ажил хийж чадахгүй, ажил хийж чадахгүй бол мөнгө олохгүй, мөнгө олохгүй бол амьдрал ядуурна, амьдрал ядуурвал магадгүй архинд орно, архинд орвол амьдрал бүр мөсөн дуусна.

Дасгал ажил

Дасгал 1.

Цэгийн оронд бал^4/вал^4 нөхцөлийн тохирохыг сонгож бичээрэй.

1. Багшийг ир- ______ бидэнд хэлээрэй.
2. Чи эрт бос- ______ намайг сэрээгээрэй.
3. Тамхи тат- ______ хүний бие муудна.
4. Ямар гадаад хэл сур- ______ дээр вэ?
5. Чи даарч бай- ______ дулаан хувцас өмс!
6. Цас их ор- ______ бид цанаар гулгана.
7. Чамайг кино үзэхээр яв- ______ би бас явна.
8. Чамайг захиа бич- ______ ээж чинь баярлана шүү.
9. Батыг жүжиг үз- ______ би бас хамт үзнэ.
10. Биеийн тамирын дасгал байнга хий- ______ хүний биед сайн.

Дасгал 2.

–бал^4/вал^4 нөхцөлийг ашиглаж нийлмэл өгүүлбэр болгоорой.

Жишээ Ээж зөвшөөрнө. Би маргааш хөдөө явна.
Ээжийг зөвшөөрвөл би маргааш хөдөө явна.

1. Чи багштай уулзна. Намайг энд байна гээрэй.

2. Хичээлээ ойлгохгүй байна. Багшдаа хэлээрэй.

3. Хүн хаалга цохино. Хаалгаа нээж өгөөрэй.

4. Хүн сайн ажиллана. Тэр хүн сайхан амьдарч чадна.

5. Надад маргааш орой зав гарна. Би хөл бөмбөг тоглоно.

6. Энэ өрөө бүгчим байна уу? Салхивчаа онгойлгоорой.

7. Аав маргааш Солонгосоос ирнэ. Би түүнийг угтаж авна.

8. Гадаад хэлний ном их уншина. Олон шинэ үг мэдэж авна.

9. Монгол хүнтэй байнга ярина. Таны ярианы хэл сайжирна.

10. Та олон шинэ үг тогтооно. Таны үгийн сан баяжна.

Дасгал 3.

Зөв харгалзуулж өгүүлбэрийг гүйцээгээрэй.

1. Мөнгө байвал	а. нимгэн хувцас өмсөнө.
2. Батын хаягийг мэдвэл	б. компьютерийн дамжаанд сурна.
3. Байнга усанд сэлбэл	в. гадаа их хүйтэн болно.
4. Захиралтай уулзвал	г. би Америкт очиж сурна.
5. Дэлгүүр лүү явбал	д. би чамд захиа бичнэ.
6. Чамайг хаягаа өгвөл	е. чамд тамхи захья.
7. Аавыг зөвшөөрвөл	ж. одоохон очно гээрэй.
8. Цас их орвол	з. хүний эрүүл мэндэд сайн байдаг.
9. Зав гарвал	и. надад бичиж өгөөч
10. Маргааш дулаарвал	к. би чамд мөнгө зээлүүлнэ.

Дасгал 4.

Доорх өгүүлбэрүүдийн “яавал?” гэдэг асуултын оронд тохирох гишүүн өгүүлбэр, үг хэллэг олж бичнэ үү.

Жишээ (яавал?) би өнөөдөр гол руу явахгүй.

Гадаа хүйтэн байвал би өнөөдөр гол руу явахгүй.

Чамайг ирэхгүй бол гол руу явахгүй.

1. (яавал?) шалгалтанд А дүн авна.

2. (яавал?) ханиад хүрдэг.

3. (яавал?) та даарахгүй.

4. (яавал?) таны бие зүгээр болно.

5. (яавал?) би угтаж авна.

6. (яавал?) ус уугаарай.

7. (яавал?) хоолны хордлого болдог

8. (яавал?) эмчид үзүүлж хэрэгтэй.

9. (яавал?) аав ээж чинь их баярлана.

10. (яавал?) цагдаа таныг торгоно.

Дасгал 5.

Дараах өгүүлбэрүүдийг гүйцээж бичээрэй.

1. Өвөө эмээдээ туславал .

2. Бие чинь их өвдөж байвал .

3. Хичээлээ ойлгохгүй бол .

4. Нойр чинь хүрч байвал .

5. Өглөө эрт босвол .

6. Гадаад улсад аялбал .

7. Хоолны хордлого болбол .

8. Түймэр гарвал .

9. Гэрт их халуун байвал .

10. Шалгалтандаа сайн бэлтгэвэл .

Дасгал 6.

Дараах зүйр үгийг утгыг нь ойлгон авч цээжлээрэй.

1. Ажил хийвэл дуустал
   Давс хийвэл уустал

2. Айвал бүү хий, хийвэл бүү ай

3. Дуслыг хураавал далай болно.
   Дуулсныг хураавал эрдэм болно.

4. Эрвэл олох хэрэгтэй.
   Эхэлбэл дуусгах хэрэгтэй.

5. Бүгдээрээ хэлэлцвэл буруугүй.
   Бүлээн усаар угаавал хиргүй.

тэмдэглэл

АРВАН ХОЁРДУГААР ХИЧЭЭЛ

Дэлхийн цаг агаар өөрчлөгдөж байна

Оюун: Тий тий, гадаа ямар хүйтэн байна аа ?

Баяр: Харин тийм ээ. Би ноосон цамцаа өмссөн боловч даарлаа.

Оюун: 5-р сард өдийд дулаахан байдаг биз дээ?

Баяр: Дэлхийн цаг агаар өөрчлөгдөж байна аа. Заримдаа зун цас ороод л.

Оюун: Тийм ээ, өвөл зун хоёр богино болж, хавар намар хоёр урт болоод.

Баяр: Монголын дөрвөн улирал хоёр болж байгаа юм байлгүй.

Оюун: Бас цөлжилт эрчимтэй явагдаад, шороогоор шуураад байх юм.

Баяр: Цөлжилтийг зогсоох гэж хэчнээн мод таривч тус нэмэр бага байна.

Оюун: Сахарын цөл шиг болбол бид машинаасаа буугаад тэмээ унаад явах ч юм билүү хэн мэдэх вэ.

Баяр: Магадгүй л юм.

Оюун: Бас халуун наранд шарагдаад ус ч олдохгүй цангаж явах сайхан биш байх шүү.

Баяр: Хэ хэ, Арабын Лоренс гэдэг кино санаанд орлоо.

Шинэ үг

ноосон	모직물, 가축털	өөрчлөгдөх	바뀌다
сахарын цөл	사하라 사막	цөлжилт	사막화
эрчимтэй	힘있는, 활발한	шороо	흙
шуурах	바람이 불다	тус нэмэр	도움
наранд шарагдах	햇빛에그을리다	цангах	갈증나다
үгүйлэх	그리워하다	сайжрах	좋아지다, 호전되다
цангаа	갈증	дээшлүүлэх	올리다
үйлчилгээ	서비스	хачиртай талх	센드위치
мэндлэх	인사하다	шөнө дунд	자정
ургац хураах	수확하다	олигтой	쓸만한
ундрах	솟아나오다, 한창이다	хэрэлдэх	말싸움 하다
чийг татах	습기차다	ломбодуулах	(치아를)떼우다
утасны дугаар	전화번호	нийтийн тээвэр	대중교통
муужрах	기절하다, 의식을잃다	гүрийх	참고 견디며 노력하다
гүрвэл	도마뱀	тураах эм	다이어트약
болгоомжлох	조심하다	тайвшруулах	위로하다
итгэх	믿다	авдар	나무 옷상자
дарагдах	눌리다	болзоо	약속, 데이트
хусах	긁다	булаг	샘

Дүрэм

Монгол хэлний угсруулан холбох нөхцөл 몽골어의 종속 접속어 "–вч" /боловч/

양보부사형 "–вч" /боловч/

–вч 는 행동이나 상황이 서로 반대되는 뜻을 표현한다. 즉, 하나의 동작, 행위가 다른 동작, 행위와 반대되는 문장을 서로 연결할 때 쓰인다. "боловч" "그러나" 라는 보조동사의 형태를 이 어미와 같은 뜻으로 사용하는 경우도 많다. –вч 어미가 나타내는 뜻을 동사– 강조부사형 "–даг[4]ч гэсэн", "–сан[4]ч гэсэн", "–аад[4] ч гэсэн", "–лаа[4] ч гэсэн" 등의 형태로도 풀어서 쓰는 경우도 있다. 예: хэлэвч→ хэлдэг ч гэсэн→ хэлсэн ч гэсэн → хэлээд ч гэсэн → хэллээ ч гэсэн.

"–вч" 어미를 바르게 사용하기

–вч 어미를 모음으로 끝나는 단어에 바로 연결하여 쓴다.

(예: суувч, хийвч, уувч 등등)

Жишээ нь:

Дармаа метронд зөв суу**вч** унтаад буудлаасаа хэтэрчээ.
다르마는 지하철을 제대로 탔지만 잠들어서 정거장을 지나쳤다.

Тэр ажлаа хурдан хий**вч** гэртээ эрт ирж чадсангүй.
그가 일을 빨리 했음에도 집에 일찍 오지 못 했다.

Би тэр тураадаг эмийг уу**вч** надад үйлчилсэнгүй.
내가 그 다이어트 약을 먹었는데도 나에게 효과가 없었다.

Цонх, хаалгаа сайн хаа**вч** шумуул орж ирсээр байна.

창문과 문을 잘 닫았음에도 모기가 계속해서 들어오고 있다.

Түүний хэлсэн буудал дээр буу**вч** олсонгүй.

그가 말한 정류장에서 내렸지만 찾지 못 했다.

Гэртээ зөндөө хай**вч** тэр бичгийг олж чадсангүй.

집에서 많이 찾았지만 그 서류를 찾지 못 했다.

Лаа олныг тавьж асаа**вч** өрөөг сайн гэрэлтүүлсэнгүй.

초를 많이 놓고 불을 붙였으나 방을 잘 밝히지 못했다.

–вч 어미를 자음으로 끝나는 단어에는 모음을 첨가하여 쓴다. (예: явавч, үзэвч, туславч 등등)

Жишээ нь:

Өдөржин яв**авч** айлын бараа харагдсангүй.

하루 종일을 갔지만 인가가 보이지 않았다.

Эргүүлж тойруулан үз**эвч** жинхэнээсээ огт ялгагдахгүй байв.

이리저리 둘러 봤지만 진품과 전혀 구분되지 않았다.

Тэр хүүхдэд эцэг эх нь хэчнээн хэл**эвч** үг авсангүй.

그 아이는 부모가 거듭 말했지만 듣지 않았다.

Дулаан хувцас өмс**өвч** их даарлаа.

따뜻한 옷을 입었지만 많이 추웠다.

Тэр ганц найздаа яр**ивч** бүгд мэдсэн байжээ.

그가 단짝 친구에게만 말했지만 다들 알고 있었다.

Бат эрт унт**авч** өглөө эрт босож чадсангүй.

바트는 일찍 잠들었지만 아침에 일어나지 못 했다.

Холоос явж тэднийд оч**ивч** тэр хаалгаа тайлж өгсөнгүй.

멀리서 왔는데 그는 문을 열어 주지 않았다.

–вч 어미를 “боловч, ч гэсэн, –даг^4 ч гэсэн, –сан^4 ч гэсэн, –аад^4 ч гэсэн , –лаа^4 ч гэсэн” 등의 형태로도 풀어서 쓴다.

Жишээ нь:

Хичээлээ сайн давтсан **боловч** өндөр оноо авч чадсангүй.

복습을 잘 했지만 좋은 점수를 받지 못했다.

Би явмаар байсан **боловч** яваагүй.

나는 가고 싶었지만 가지 못했다.

Туяа ажил ихтэй **ч гэсэн** солонгос хэл сурч байгаа.

토야는 일이 바쁨에도 한국어를 배우고 있다.

Бат оросоор сайн ярь**даг ч гэсэн** бичиж чаддаггүй.

바트는 러시아어로 잘 말하지만 쓰지는 못 한다.

Тэр хүүхэд гүй**сэн ч гэсэн** одоо очиж амжихгүй.

그 아이가 뛰어간다 해도 지금은 제 때 도착할 수 없다.

Сургуулиа төгс**өн ч гэсэн** мэдлэг боловсролоо дээшлүүлж байгаарай.

학교를 졸업한 후에도 학문을 계속해야 한다.

Одоо яв**лаа ч гэсэн** уулзаж чадахгүй учраас утсаар ярилаа.

지금 간다해도 만날 수 없으니 전화 통화를 했다.

Унших эх

Гүйсэн ч , хоолоо сойсон ч, дасгал хийсэн ч турах
гүй юм, яах вэ? Хүмүүс хавар цагт хоол идэхгүй бол
ядарна шүү гэж анхааруулдаг боловч би тэдний зөвл
өгөөг аваагүй. Муужирч унах шахсан ч гүрийгээд ба
йлаа. Жингээ хурдан хасмаар санагдаад тураах эм у
ухыг хүсэвч болгоомжилж байна. Найз нар минь на
майг тарган биш гэж тайвшруулдаг боловч би итгэхг
үй байна.

Дасгал ажил

Дасгал 1.

Цэгийн оронд –вч, –сан^4 ч гэсэн, –даг^4 ч гэсэн, боловч нөхцөлүүдийн тохирохыг нь сонгож бичнэ үү.

1. Түүний бие сайн болсон ______ ажилдаа ирэхгүй байна.
2. Би монгол хүн ______ монгол хоол хийж чаддаггүй.
3. Манайх цонхоо нээ- ______ гэр их халуун байна.
4. Монголд есөн сард цас ор- ______ их хүйтэрдэггүй.
5. Тэр ханиад хүр- ______ эм уудаггүй.
6. Зочид маргааш ирэх ______ тэдэнд байр олоогүй байна.
7. Та нар сургуулиа төгс- ______ мэдлэг боловсролоо байнга дээшлүүлж байх ёстой.
8. Тэр ажлаа тар- ______ шууд гэртээ харьдаггүй.
9. Туяа ажил ихтэй ______ англи хэл сурч байгаа.
10. Ким монголоор сайн унш ______ ярьж чаддаггүй.

Дасгал 2.

–боловч холбох үгийг ашиглаж нийлмэл өгүүлбэр болгож бичээрэй.

Жишээ Манайх орой голдуу шөлтэй хоол иддэг. Гэвч өнөө орой бууз иднэ.
Манайх орой голдуу шөлтэй хоол иддэг боловч өнөө орой бууз иднэ.

1. Би Их дэлгүүрт өнөөдөр очсон.Гэвч миний авах цув байсангүй.
2. Би Оюунд киноны билет авч өгсөн. Гэвч Оюун тэр киног үзсэнгүй.
3. Бат өдрийн хоолоо голдуу гуанзанд иддэг. Гэвч өнөөдөр ажил дээрээ хачиртай талх идсэн.
4. Би тэр хүнийг “суу” гэж хэлсэн. Гэвч тэр хүн суусангүй.
5. Миний толгой их өвдөж байсан. Гэвч би ажилдаа явсан.
6. Аав шөнө их орой унтсан. Гэвч өглөө их эрт боссон.
7. Би энэ номыг уншиж дууссан. Гэвч би сайн ойлгосонгүй.
8. Би түүнд энэ тухай ярьсан. Харин тэр анхаараагүй.
9. Бат завтай байсан. Гэвч бидэнтэй аяллаар явсангүй.
10. Би түүнтэй мэндэлсэн. Гэвч тэр надтай мэндлээгүй.
11. Би түүний гэрийг сайн заалгасан. Харин би эрээд олсонгүй.

12. Манай хичээл 9 цагт эхэлдэг. Харин өнөөдөр 11 цагт эхэлсэн.

Дасгал 3.

Зөв харгалзуулж өгүүлбэрийг гүйцээж бичээрэй.

1. Өчигдөр бороо их орсон боловч	а. ажлаа сайн хийдэг.
2. Энэ хот олон хүнтэй боловч	б. сэтгэлдээ хайрладаг.
3. Тэр хүн уншаад сайн ойлгодог боловч	в. сэрүүхэн байна.
4. Манай байр их үнэтэй болвч	г. голын усны төвшин нэмэгдээгүй байна.
5. Бат ажлаа сайн хийдэг ч гэсэн	д. их хүйтэрдэггүй.
6. Манай захирал залуу хүн боловч	е. бичиж чаддаггүй.
7. Гадаа нартай боловч	ж. нийтийн тээврийн үйлчилгээ сайтай.
8. Би дуулах дуртай боловч	з. өвөл хүйтэн байдаг.
9. Намар модны навч шарладаг боловч	и. бага цалин авдаг.
10. Ээж биднийг загнадаг ч гэсэн	к. сайн дуулж чаддаггүй.

Дасгал 4.

–вч, ч, боловч, ч , хэдий ч гэх мэт нөхцөлүүдийг залгахад утгын хувьд алдаатай болсон өгүүлбэрүүдийн доогуур зурна уу.

1. Хичээлээ сайн давтсан боловч “A” авлаа.
2. Сулхан ярьсан ч гэсэн бүгд сонсчээ.
3. Зурагтад ойрхон сууж үздэг байсан ч хараа нь мууджээ.
4. Тэр оюутан даалгавраа хийгээгүй боловч хичээлдээ иржээ.
5. Гадаа нартай ч гэсэн дулаан байна.
6. Би их өлссөн боловч хоол идэх зав гарсангүй.
7. Түүний бие хааяа өвддөг боловч эмчид үзүүлдэг.
8. Онгоцоор явах сайхан байдаг ч гэсэн билет нь их үнэтэй.
9. Бат их орой унтсан ч гэсэн өглөө их орой боссон.
10. Тэр даалгавраа сайн хийсэн боловч гэртээ дэвтэрээ мартжээ.

Дасгал 5.

Дараах өгүүлбэрүүдийг гүйцээж бичээрэй.

1. Чихэр амттай боловч ______________________.

2. Гадаа нартай ч гэсэн ______________________.

3. Тэр архи их уудаг ч гэсэн ______________________.

4. Түүний утас дуугарсан боловч ______________________.

5. Бат их туранхай боловч ______________________.

6. Оюун шөнө их орой унтдаг боловч ______________________.

7. Дорж англи хэлний анги төгссөн боловч ______________________.

8. Тэр их уурладаг ч гэсэн ______________________.

9. Найз минь надад энэ тухай яриагүй боловч ______________________.

10. Түүний бие нь муу байгаа боловч ______________________.

АРВАН ГУРАВДУГААР ХИЧЭЭЛ

Амьтны хүрээлэн үзнэ

Баяр:	Найз аа, бөмбөгөө түр өгөөч.
Оюун:	Ав ав, харин битгий удаагаарай, би орой дүүтэйгээ тоглоно.
Баяр:	Би тоглоод ирэнгүүтээ өгнө өө.
Оюун:	Чиний бөмбөг яасан бэ?
Баяр:	Мэдэхгүй ээ, хийлэнгүүт шалчийгаад байна.
Оюун:	Одоо тэгээд яах вэ?

Баяр: Аавыг ажлаас ирэнгүүт нь мөнгө авч шинэ бөмбөг авна аа.

Оюун: Чи бидэнтэй хамт тоглохгүй юу?

Баяр: Би өнөөдөр амжихгүй. Гадуур жаахан дарж амьтны хүрээлэн үзэх санаатай.

Оюун: Одоо явах юм уу хэд гээд гарах вэ?

Баяр: Үгүй, гадаа бороо орж байна. Бороо зогсонгуут явна.

Оюун: Аа, амьтны хүрээлэнгийн арсланг архирангуут миний айдас хүрээд, зугтаамаар байдаг юм. Баавгай нь их эгдүүтэй шүү. Торны цаанаас хоол шидэнгүүт үмхээд авна. Ямар хурдан, сурмаг гээч.

Баяр: Тийм үү, хэ хэ.

Оюун: За найз нь явъя даа. Маргааш хичээл тармагц чам руу залгана аа.

Баяр: Хоёулаа нөгөөдрийн хичээлийг маргааш давтъя гэж ярьсан байх аа? Мартчихсан уу? Тодорхой цаг хэлээрэй, түрүүчийнх шигээ утсаа авахгүй битгий таг болчихоорой!

Оюун: За хаанаас даа. Гэхдээ би сүүлийн үед ном уншиж эхэлмэгц нойр хүрээд унтмаар санагдаад байх юм. Яах вэ?

Баяр: Хавар болоод тэр байлгүй дээ. Чи чинь өөрийгөө сэрүүлэг дугармагц босдог нойронд сэргэг гээд байдаг биз дээ? Гэхдээ зав гарвал унтаж амарч байх нь зөв юм гэсэн шүү!

Шинэ үг

хаалга цохих	문을 두드리다	ялаа	파리
нимгэлэх	얇게하다	бүртгэх	등록하다
нүүр улайх	얼굴이 빨개지다	булан	구석
гадуур хувцас	외투	худаг	우물
зүүрмэглэх	선잠들다	халтирах	미끄러지다
хулгана	쥐	савтай ус	통에 담긴 물
асгах	쏟다	улангасах	날뛰다,굶주리다
архирах	으르렁 거리다	үсрэх	뛰다
эзэгтэй	주부	сурмаг	능숙하다

Дүрэм

Монгол хэлний угсруулан холбох нөхцөл 몽골어의 종속 접속어 "–нгуут²"

Дүрэм

즉시부사형 "–нгуут²" 어미는 해당 동작, 행위가 그 다음 동작, 행위에 곧 바로 이어지는 뜻을 표현한다. 즉, 하나의 동작, 행위가 끝나자마자 다음 동작, 행위가 시작한다는 뜻을 표현하는 것이다.

"–нгуут²" 어미를 바르게 사용하기

–нгуут 어미를 단어 첫음절에 남성모음이 있는 단어에 연결하여 쓴다. 또한 이 어미 뒤에 일반재귀어미를 이어서 쓸 수 있다. (예: оронгуут, ярингуут, дуугарангуут 등등)

Жишээ нь:

Хаалгаар оро**нгуут** нам гүм, тайван сайхан орчин угтав.

문으로 들어서자, 조용하고 편안한 분위가 나를 반겼다.

Намайг орчуулгын тухай яри**нгуут** тэр толь бичгээ гэртээ орхисноо санав.

내가 번역문에 대해 말하자 그는 집에 사전을 두고 온 게 생각났다.

Тэнгэр дуугара**нгуут** бороо орж эхэллээ.

천둥 소리가 나자마자 비가 오기 시작했다.

Дохио солигдо**нгуут** машинууд явж эхлэв.
신호가 바뀌자 차들이 움직이기 시작했다.

Дүүг зурагт асаа**нгуут** ах удирдлагыг нь шүүрэн авав.
동생이 텔레비전을 틀자마자 형이 리모컨을 빼앗아 들었다.

Тэр утсаа ава**нгуутаа** тасалж орхилоо.
그는 전화를 받자마자 끊어 버렸다.

Би хичээлээ тара**нгуут** чам руу утсаар ярья.
내가 수업이 끝나자마자 너에게 전화를 할게.

–нгүүт 어미를 단어 첫음절에 여성모음이 있는 단어에 연결하여 쓴다. 또한 이 어미 뒤에 일반재귀어미를 이어서 쓸 수 있다. (예: хэлэнгүүт, үзүүлэнгүүт, ирэнгүүт 등등)

Жишээ нь:

Түүнийг хэлэ**нгүүт** тэр явдал миний санаанд орлоо.
그가 말하자마자 그 일이 내 머릿속에 떠올랐다.

Бичиг баримтаа үзүүлэ**нгүүт** харуул оруулаа.
서류를 보여 주자 경비원이 들여 보내줬다.

Хүүгээ орж ирэ**нгүүт** ээж нь тэвэрч аваад үнслээ.
아들이 들어오자마자 어머니는 그를 안고 입맞추었다.

Ээж намайг сэрээ**нгүүт** би босдог.
어머니가 나를 깨우자마자 나는 일어난다.

Хүүхэлдэйн кино эхлэ**нгүүт** хүүхдүүд зурагтын урд сууцгаалаа.
만화가 시작되자마 아이들이 텔레비전 앞에 앉았다.

Муур хоолоо идэ**нгүүтээ** буланд байгаа хулгануудыг олж харав.
고양이가 밥을 먹자마자 구석에 있는 쥐들을 발견했다.

Би монгол хэл сурч эхлэ**нгүүтээ** монгол явж үзсэн.
나는 몽골어를 배우기 시작하자마자 몽골을 가 봤다.

"–нгуут²" 조사를 "магц⁴"조사로 대체하여 쓸 수 있다. 표현하는 뜻이 거의 유사하지만 "магц⁴" 조사의 경우 문학 용어로 자주 쓰이는 편이다.

준비부사형 "магц⁴" 어미는 주로 두 개의 동사간의 시간의 관계를 나타낸다. 하나의 동작, 행위가 끝나자마자 다음 동작, 행위가 이어지는 뜻을 표현한다.

예: Ахыг явангуут эгч ирлээ. (Ахыг явмагц эгч ирлээ.)
Бат надтай уулзангуутаа (уулзмагцаа) "Миййн номыг авчрав уу?" гэж асуулаа.

"–магц⁴" 어미를 바르게 사용하기

–магц어미를 강세가 있는 음절에 남성모음이 있는 동사에 연결하여 쓴다. 또한 이 어미 뒤에 일반재귀어미를 이어서 쓸 수 있다. (예: авмагц, явмагц, гармагц등등)

Жишээ нь:

Утсаа ав**магц** танил дуу сонсогдов.
전화를 받자 낯익은 목소리가 들렸다.

Намайг яв**магц** хаалгаа түгжээрэй.
내가 나가자마자 문을 잠궈라.

Нохой хуц**магц** гэрээс хүн гарч ирлээ.
개가 짖자 집 안에서 집 주인이 나왔다.

Хоолны үнэр гар**магц** ялаа баахан шавна.
음식 냄새가 나자 파리가 많이 몰려 들었다.

Цалингаа буу**магц** байрныхаа хөлсийг төлөөрэй.
월급을 받자마자 집세를 내세요..

Би чамайг хар**магцаа** танилаа.

내가 너를 보자마자 알아 봤다.

Гэртээ хари**магцаа** над руу утасдаарай.

집에 도착하자마자 나에게 전화를 주세요.

–мэгц어미를 강세가 있는 음절에 여성모음이 있는 동사에 연결하여 쓴다. 또한 이 어미 뒤에 일반재귀어미를 이어서 쓸 수 있다. (예: хэлмэгц, хүрмэгц, ирмэгц 등등)

Жишээ нь:

Багшийг завсарлаарай гэж хэл**мэгц** хүүхдүүд ангиас шуугилдан гарцгаав.

선생님이 쉬는 시간이라고 말하자마자 아이들이 교실에서 시끄럽게 하면서 나갔다.

Түүний биенд хүр**мэгц** халуу шатаж халуурч байгааг нь мэдлээ.

그의 몸에 닿자마자 뜨거운 것이 열이 났음을 알았다.

Юнааг Монголоос ир**мэгц** уулзацгаая.

유나가 몽골에서 오자마자 만나자.

Номоо хэвлэгд**мэгц** надад явуулаарай.

책이 출간되자마자 나에게 보내라.

Би өөрийнхийгөө хий**мэгцээ** чинийхийг бас хийчихье.

내가 나의 몫을 하자마자 너의 것도 해 놓을게.

Өрөөгөө цэвэрлэ**мэгцээ** хайж байсан зүйлээ олж авлаа.

방 청소를 하자 찾던 것을 찾아 낼 수 있었다.

–могц어미를 강세가 있는 음절에 남성모음이 있는 동사에 연결하여 쓴다. (예: очмогц, ормогц, болмогц등등)

Жишээ нь:

Намайг гэрт нь оч**могц** хоол цай хийж өгөв.
내가 집에 들어가자마자 요리와 차를 담아 주었다.

Хашаагаар нь ор**могц** тэднийх маш ажилсаг нь мэдэгдэв.
울타리로 들어서자마자 그 집이 매우 부지런함이 보였다.

Хавар бол**могц** мал төллөж эхэлдэг.
봄이 되자 가축이 새끼를 낳기 시작한다.

Баярын хийсэн ажил биз гэж бод**могц** уур хүрлээ.
바이르가 한 일일 것이라는 생각이 들자 화가 났다.

Тэр байшинг тойр**могц** нэг сүм харагдана.
그 건물을 돌아가자마자 절 하나가 보인다.

Би оюутан бол**могцоо** ээждээ захиа бичсэн.
내가 대학생이 되자마자 어머니에게 편지를 썼다.

Солонгос айлд ор**могцоо** гутлаа тайлж бай.
한국인 집에 들어가자마자 신발을 벗어야 한다.

–мөгц어미를 강세가 있는 음절에 여성모음이 있는 동사에 연결하여 쓴다. 또한 이 어미 뒤에 일반재귀어미를 이어서 쓸 수 있다. (예: өгмөгц, хөөрмөгц, төгсмөгц등등)

Жишээ нь:

Төлбөрөө өг**мөгц** гэрийн утас шууд залгагдана гэнэ.
요금을 내자마자 집 전화가 바로 연결된다고 한다.

Онгоц хөөр**мөгц** миний дотор муухай болсон.
비행기가 뜨자 내가 멀미 났다.

Түүнийг сургууль төгс**мөгц** ажилд оруулмаар байна.
그가 학교를 졸업하자마자 취직하고 싶어한다.

Янданг хөөл**мөгц** зуухны гал сайхан асдаг.
굴뚝을 청소하자마자 난롯불이 잘 피워진다.

Үхэр тугал мөөрөлд**мөгц** бид гэрээс яаран гарч харав.
소와 송아지가 울자마자 우리가 서둘러 집을 나와 보았다.

Тэд ойд төөр**мөгцөө** хэлсэн нь сайн боллоо.
그들이 숲에서 길을 잃자마자 알린 것이 잘 되었다.

Муур хулганыг хөө**мөгцөө** савтай усыг асгаж орхив.
고양이가 쥐를 쫓자마자 통에 든 물을 엎어버렸다.

Унших эх

Нөхөр нь орой ажлаасаа ирэнгүүтээ гараа угааж хоолны ширээндээ суув. Эхнэр нь хоол авчирмагц хоолны сайхан үнэр өрөөгөөр ханхлав. Хоолоо идэнгүүтээ зурагтаа асааж, хөл бөмбөгийн тэмцээн үзэв. Шөнийн 11 цаг болмогц шүдээ угаагаад унтахаар хэвтэв. Өглөө босонгуутаа ороо хурааж ажилдаа явах бэлтгэлээ хийн яарна. Түүнийг ажилдаа очмогц дарга нь дуудав. Дарга нь яриагаа эхэлмэгцээ түүнд сайхан мэдээ дуулгав. Түүнийг сонсонгуутаа эхнэртээ хэлэхээр утас цохив.

Дасгал ажил

Дасгал 1.

Цэгийн оронд –нгуут^2 нөхцөлийн тохирохыг нь бичээрэй.

1. Утас дуугар .... би очиж авсан.
2. Багшийг ангид орж ир .... оюутнууд чимээгүй болов.
3. Тэднийг хаалгаар гар .... автобус ирэв.
4. Хичээл дуус .... хоёулаа номын сан руу явъя.
5. Чамайг хэл .... би таамагласан.
6. Таныг утсаар яри .... ээж баярласан.
7. Дэлгүүр онгой .... орж идэх уух юм авна.
8. Багшийг тайлбарлаж эхэл .... би ойлгосон.
9. Цай буцал- .... би сүү хийсэн.
10. Би Сарнайн утасны дугаарыг мэдэ- .... чамд хэлье.

Дасгал 2.

–нгуут, –нгүүт, –нгуутаа, –нгуутээ нөхцөлөөр холбож нийлмэл өгүүлбэр болгож бичнэ үү.

Жишээ Ээж ажилдаа явсан. Бид гадаа гарч тоглосон.
Ээжийг ажилдаа явангуут бид гадаа гарч тоглосон.

1. Ширүүн бороо зогссон. Хүмүүс гадагшаа гарцгаасан.

2. Гадаа дулаан болдог. Хүмүүс хувцсаа нимгэлдэг.

3. Аав ажилдаа явсан. Ээж ажлаасаа ирсэн.

4. Бат найзаасаа захиа авсан. Тэр хариу захиа бичсэн.

5. Ээж намайг сэрээдэг. Би босдог.

6. Багш удаан ярьсан. Би ойлгосон.

7. Хүү аавыгаа харсан. Тэр гүйж очсон.

8. Багш ангид орж ирдэг. Оюутнуудаа бүртгэдэг.

9. Хичээл тарна. Хоёулаа уулзъя.

10. Би англи хэл үзэж эхлэв. Бат бас үзэж эхлэв.

Дасгал 3.

Өгүүлбэрүүдийг гүйцээж бичээд өгүүлбэр тус бүрийн утгын ялгааг мэдэж авна уу.

Жишээ Аавыг ирэнгүүт *ээж хоол хийж өгдөг.*
Аав ирэнгүүтээ *гадуур хувцсаа тайлдаг.*

1. Намайг морь уна- хүүхдүүд инээлдсэн.
   Би морь уна- худаг руу давхисан.
2. Биднийг автобусанд суу- автобус хөдөлсөн.
   Би автобусанд суу- зүүрмэглэж эхэлсэн.
3. Багшийг самбарт бич- бид дэвтэртээ бичиж эхэлсэн.
   Багш самбарт бич- биднийг бич гэж хэлсэн.
4. Доржийг Солонгосоос оч- эхнэр хүүхэд нь угтаж авсан.
   Дорж Солонгосоос оч- аав ээжтэйгээ уулзахаар Сүхбаатар аймаг руу явсан.
5. Ээжийг хоол хий- аав орж ирсэн.
   Ээж хоол хий- бидэнд аягалсан.
6. Түүнийг оюутан бол- гэр нь хөдөөнөөс хот руу нүүсэн.
   Тэр оюутан бол- номын санд карт нээлгэсэн.
7. Соёныг Монголд ир- найз нь угтаж авсан.
   Соён Монголд ир- гадаад оюутнуудын байранд орсон.

8. Багшийг ангид орж ир- ________ оюутнууд мэндэлдэг.
   Багш ангид орж ир- ________ юутнуудтай мэндэлдэг.
9. Намайг англи хэл сурч эхэл- ________ миний дүү бас сурч эхэлсэн.
   Би англи хэл сурч эхэл- ________ англи кино үздэг болсон.
10. Батбаярыг гар- ________ Сарнай орж ирсэн.
    Батбаяр гар- ________ хаалга хаасан.

Дасгал 4.

Дараах өгүүлбэрүүдийг зөв холбож гүйцээж бичээрэй.

1. Улаан гэрэл асмагц ________
   нимгэн хувцасаа өмсөөрэй.
2. Хичээлээ тармагц ________
   шувууд жиргэдэг.
3. Гэрэл унтармагц ________
   автобус хөдөлсөн.
4. Намайг хармагц ________
   тэр хүүхэд гадаа гарч тоглосон.
5. Гадаа дулаармагц ________
   ээждээ өгөөрэй
6. Чи цалингаа авмагцаа ________
   тэр хүн цаашаа харсан.
7. Ээжийгээ явмагц ________

кино гарч эхэлсэн.

8. Биднийг автобусанд суумагц ______ гэртээ хурдан хариарай.

9. Манай зуны амралт эхэлмэгц ______ тээврийн хэрэгслүүд явдаг.

10. Өглөө үүр цаймагц ______ би нутагтаа очиж амарна.

Дасгал 5.

Дараах өгүүлбэрүүдийн цэгийн оронд –магц, –мэгц, –могц, –мөгц болон, –магцаа, –мэгцээ, –могцоо, –мөгцөө нөхцөлүүдийн тохирохыг нь сонгож бичнэ үү.

Жишээ Би Солонгост ирмэгцээ хүүтэйгээ уулзсан.
Намайг Солонгост ирмэгц миний хүү угтаж авсан.

1. Аав ажлаасаа ир- ______ усанд ордог
   Аавыг ажлаас ир- ______ ээж хоол хийж өгдөг.
2. Дүү хичээлдээ яв- ______ баяртай гэж хэлдэг.
   Дүүг хичээлдээ яв- ______ би ажилдаа явдаг.
3. Би Монголд оч- ______ Баттай утсаар ярьдаг.
   Намайг Монголд оч- ______ Бат намайг хоолонд урьдаг.
4. Би түүнтэй уулз- ______ бэлэг өгсөн.
   Намайг түүнтэй уулз- ______ манай эхнэр утасдсан.

5. Бат эмч бол- хөдөө ажиллахаар явсан.
   Батыг эмч бол- ээж нь баяр хүргэсэн.
6. Хүүхэд төр- чанга уйлдаг.
   Эх нь хүүхдээ төр- маш их баярладаг.
7. Захирал илтгэлээ тавьж дуус-
   "Анхаарал тавьсанд баярлалаа" гэж хэлэв.
   Захирлыг илтгэлээ тавьж дуус- анхим дүүрэн хүн нижгэнэтэл алга ташив.
8. Тэр замдаа зогс- дэлгүүрээр орж баахан идэж уух юм авав.
   Түүнийг замдаа зогс- машиных нь дугуй хагарав.
9. Тэмээний ноосон оймсоо өмс- тэмээний ноосон өмдөө ч бас өмслөө.
   Тэмээний ноосон оймсоо өмс- хөл дулаацдаг.
10. Аян замдаа гар- хийдээр дайраад явах санаатай.
    Аян замд гар- аадар бороо орж бид их сандарлаа.

тэмдэглэл

АРВАН ДӨРӨВДҮГЭЭР ХИЧЭЭЛ

Сэтгэл тайван үед хийсэн хоол амттай

Оюун: Би өнөөдөр бууз хийгээд идтэл амтгүй болжээ.

Баяр: Чи сайхан хоол хийдэг шүү дээ.

Оюун: Өнөөдөр жаахан сэтгэл хямраад байсан юм.

Баяр: Хоол, сэтгэл хоёр холбоотой байдаг болохоор сэтгэл тайван үед хийсэн хоол амттай байдаг.

Оюун: Өглөө босоод нүүрээ толинд хартал миний сэвх тодорсон харагдсан. Тэгээд сэтгэлээр унаж хямарсан.

Баяр: Шарсан, хуурсан, өөх тостой хоол идэхээр сэвх тодордог юм.
Сэтгэлээр унах хэрэггүй дээ. Одооноос гоо сайхны газар ороод, идэх уухаа тохируулаад явбал сэвх арилна. Шинэ жил болтол хоёр долоо хоногийн хугацаа байна шүү.

Оюун: Сониноос би банкнаас авсан зээлээ төлтөл надад томоохон супермаркетуудаар хөнгөлөлттэй үйлчлүүлэх карт бэлэглэсэн.

Баяр: Өө тийм үү. Найз нь баяраар гэртээ шинэ зурагт, угаалгын машин авах гэж байгаа. Чиний тэр картыг ашиглая.

Оюун: Тэг тэг. Хэрэгтэй болохоороо найз руугаа яриад аваарай. Шинэ жил гээд хаа сайгүй агуулах чөлөөлөх худалдаа л гэнэ, ер нь дэлгүүр болгон л хямдрал зарлаад байгаа юм биш үү.

Баяр: Харин тийм ээ одоо ч мөнгө байвал юм ч элбэг болж дээ.

Оюун: За ярья, би өдрийн цайны цаг хүртэл энэ орчуулгыг дуусгах хэрэгтэй байна.

Шинэ үг

яаралтай (ажил)	급한일	анхааруулах	주의를 주다
цочих	놀래다	хашгирах	소리치다
шийр	족발	хуушуур	호쇼르 (몽골 튀김 만두)
зургийн цомог	사진첩	зул сарын баяр	성탄절
хаваржаа	봄 유영지	намаржаа	가을 유영지
тасаг	부, 부문, 회	цахилгаан	전기, 전류
тасрах	끊어지다	утас дуугарах	전화가 울리다
тууштай	지속적으로	дадлага	실습
сандрах	놀라다, 긴장하다	өрөөсөн	짝짝이
гал зуух	부엌	шарсан өндөг	계란후라이
турах	살빠지다	зугаа	즐거움, 재미, 놀이
сүх	도끼	далайх	팔을 올리다

Дүрэм

Монгол хэлний угсруулан холбох нөхцөл 몽골어의 종속 접속어 "–тал[4]"

마중부사형 "–тал[4]" 어미는 하나의 동작, 행위가 다음 동작, 행위가 시작이 될때까지 이어진, 이어지는, 이어질 뜻으로 표현할 때 쓰인다. 그 외에도 "–тал[4]" 어미는 먼저 행위가 다음 행위 동작의 이유가 되는 뜻을 표현하며 뒤에 일반재귀에 인칭조사를 받는다.

마중부사형 "–тал" 어미를 바르게 사용하기

–тал 어미를 강세가 있는 음절에 남성모음이 있는 단어에 붙인다. (예: ярьтал, дуустал, дартал등등)

Жишээ нь:

Захирлыг утсаар ярь**тал** би гэрээсээ гарч болохгүй.
사장님께 전화가 오기 전까지는 나는 집을 나오면 안 된다.

Намайг энэ ажлыг хийж дуус**тал** чи дэлгүүр ороод ир.
내가 일을 끝내는 동안 너는 가게에 다녀와.

Хонх дар**тал** ээж хаалга онгойлгож өгөв.
벨을 누르니 어머니께서 문을 열어 주셨다.

Би энэ номыг нар жарга**тал** уншина.
나는 이 책을 해가 질때까지 읽을 것이다.

Шинэ он гар**тал** хийж дуусгах ажил их байна.
새해가 오기 전까지 끝낼 일이 많다.

Пак багшийг иртэл наанаа суугаад хүлээсэн нь дээр байх.

박선생님께서 오실 때까지 거기에 앉아서 기다리는 것이 나을 것 같다.

Ах гутлаа гялалз**тал** нь тослодог.

형이 자신의 구두를 윤이 날 때까지 닦는다.

–тэл 어미를 강세가 있는 음절에 여성모음이 있는 단어에 붙인다. (예: хэлтэл, үзтэл, иртэл등등)

Жишээ нь:

Бодож байснаа хэл**тэл** захирал маш найрсагаар хүлээж авав.

생각했던 것을 말했더니 사장님께서 친절하게 받아들이셨다.

Имэрч үз**тэл** сайн торго болох нь мэдэгдэв.

만져 보니 좋은 비단임을 알 수 있었다.

Намайг ир**тэл** хүлээж байгаарай.

내가 올 때까지 기다리고 있어라.

Хичээл эхэл**тэл** би биеэ эмчлүүлнэ.

개학 할 때까지 내가 치료 받는다.

Үүдээ нээ**тэл** танихгүй хүн зогсож байлаа.

문을 여니 낯선 사람이 서 있었다.

Тэр зураач насан эцэс**тэлээ** энэ байранд амьдарчээ.

그 화가가 임종을 맞을 때까지 이 집에서 살았다.

Би таныг ир**тэл** гадагшаа гарахгүй.

당신이 올 때까지는 밖으로 나가지 않는다.

–тол 어미를 강세가 있는 음절에 남성모음이 있는 단어에 붙인다. (예: ортол, очтол, болтол 등등)

Жишээ нь:

Оюутны байранд ор**тлоо** танайд сууж болох уу?

기숙사 들어갈 때까지 당신 집에서 지내도 되나요?

Түүнийг эргэхээр оч**тол** тэр эмнэлгээс гарсан байлаа.

그를 문병 갔더니 그가 퇴원해 있었다.

Би монголоор сайн ярьдаг бол**тлоо** сурна.

내가 몽골어를 잘 할 수 있을 때까지 배운다.

Тэр хүүхэд шүдээ цоор**тол** чихэр иджээ.

그 아이가 충치가 생길 때까지 사탕을 먹었다.

Энэ бороо зогс**тол** нэлээн удах юм шиг байна.

이 비가 그치려면 좀 걸릴 것 같다.

Сайдаар томил**тол** энэ газраа ажилласаар байх болно.

장관으로 임명해 줄 때까지 이 곳에서 일을 계속할 것이다.

Батыг паспортаа ол**тол** би явахгүй түүнийг хүлээнэ.

바트의 여권을 찾을 때까지 내가 가지 않고 그를 기다린다.

–төл 어미를 강세가 있는 음절에 여성모음이 있는 단어에 붙인다. (예: өгтөл, өнгөртөл, хөөртөл등등)

Жишээ нь:

Мөнгийг чинь өг**төл** битгий нэхээрэй.

네 돈을 줄 때까지 달라고 하지 말아.

Чамайг есөн цаг өнгө**ртөл** хүлээсэн шүү.

너를 아홉 시가 지나도록 기다렸잖아.

Онгоц хөөр**төл** бид тэнд зогсож байсан.

비행기가 뜰 때까지 우리가 거기에 서 있었다.

Охиноо төр**төл нь** би хамт байна.

딸이 태어날 때까지는 내가 함께 있는다.

Энэ сүүг хөөсөр**төл нь** самраарай.

이 우유를 거품이 날 때까지 저어라.

Жаал хүү хоолойгоо сөө**төл** уйлжээ.

꼬마 아이가 목이 쉬도록 울었다.

Эмчийг зөвшөөр**төл** наад эмээ ууж болохгүй шүү.

의사가 허락할 때까지 그 약을 먹으면 안 된다.

Унших эх

Маргааш өглөө эрт ажилдаа явна гэж бодоод орондоо орж хэвттэл нойр хүрдэггүй ээ. Өглөө сэртэл 8 цаг болж байна. Сандран босоод хурдан хувцаслатал өрөөсөн оймсоо олдоггүй ээ. Шинэ оймсоо өмсөөд цагаа хартал 8 цаг 10 минут болчихож. Гал зуухны өрөөнд орж шарсан өндөг идтэл ус уумаар санагдав. Ус уугаад хаалгаар гарах гэтэл ээж дуудав. “Аан” гэж хэлтэл: “Өнөөдөр амралтын өдөр шүү дээ, охин минь хаашаа явж байгаа юм бэ?” гэж асуулаа.

Дасгал ажил

Дасгал 1.

Цэгийн оронд –тал[4] нөхцөлийн тохирохыг нь бичээрэй.

1. Манай хичээл өглөө 9 цагаас орой 5 цаг хүр .... үргэлжилдэг.
2. Би шөнө бол .... хичээлээ давтдаг.
3. Кино эхэл .... хүмүүс хоорондоо ярьцгааж байв.
4. Тэд багшийг ир .... хүлээсэн.
5. Зуны амралт бол .... 3 сарын хугацаа байна.
6. Энэ долоо хоногийг дуус .... тэд Монголд байна.
7. Хүүхдүүдээ унт .... ээж нь унтсангүй.
8. “Ажил хийвэл дуус .... , давс хийвэл уус .... ” гэдэг цэцэн үг байдаг.
9. Монголоос Солонгос хүр .... онгоц хэдэн цаг нисдэг вэ?
10. Чи намайг ир .... миний хүүхдийг харж байгаарай.

Дасгал 2.

–тал[4] нөхцөлийг ашиглаж нийлмэл өгүүлбэр болгож бичнэ үү.

Жишээ 2015 он болно. Бид энд байна.
2015 он болтол бид энд байна.

1. Ээж ажлаасаа ирнэ. Та хүлээж байгаарай.

2. Би монголоор сайн ярьдаг болно. Би монгол хэл сурна.

3. Номын сан хаасан. Бид тэнд ном уншиж байсан.

4. Манай хичээл эхэлнэ. Бид аяллаар явна.

5. Чи хичээлээсээ ирнэ. Би номын санд сууж байя.

6. Хонх дуугарна. Хичээл завсарладаггүй.

7. Шөнө болсон. Хүүхдүүд гадаа тоглосон.

8. Эмч зөвшөөрнө. Ажилдаа битгий яваарай.

9. Бид гадаа гарсан. Бороо орж эхэлсэн.

10. Чи гэрийн даалгавраа хийж дуусна. Би кино үзэж байя.

Дасгал 3.

Зөв харгалзуулж өгүүлбэрийг гүйцээж бичээрэй.

1. Оюутнууд хичээл эхэлтэл танай гадаа хүлээнэ шүү
2. Би даалгавраа хийж дуустал тууштай эмчлүүлнэ
3. Би чамайг иртэл гадаа тоглохгүй
4. Би 2020 он хүртэл эмнэлэг дээр хүлээсэн
5. Би визаа гартал бид буудал дээр байсан
6. Өвөл болтол онгоц нисэхгүй
7. Би биеэ эдгэртэл Солонгост ажиллана
8. Тэд эмчийг иртэл дадлага хийсэн
9. Аадартай бороо зогстол манайх намаржаандаа байна
10. Галт тэрэг хөдөлтөл онгоцны билет захиалахгүй

Дасгал 4.

Дараах өгүүлбэрүүдийн цэгийн оронд –тал^4, –тал^4(аа)^4 нөхцөлүүдийн тохирохыг нь сонгож бичнэ үү.

Жишээ Намайг 18 нас хүртэл ээж хоол хийж өгсөн.
Би 18 нас хүртэлээ аав ээжтэйгээ хамт амьдарсан.

1. Намайг яв- ______ манайд хэн ч ирээгүй.
   Би яв- ______ зочид буудалд байрлана.
2. Кимийг Монголоос ир- ______ эхнэр хүүхэд нь Америкт байсан.
   Ким Монголоос ир- ______ шинэ төсөл дээр ажилласан.
3. Батыг сайн ярьж сур- ______ солонгос найз нь тусалсан.
   Бат сайн ярьж сур- ______ уйгагүй хичээллэсэн.
4. Намайг гадаа гар- ______ цас орж эхэлсэн.
   Би гадаа гар- ______ гэрийн даалгавраа хийсэн.
5. Оюуныг сургуулиа төгс- ______ аав ээж нь хотод байсан.
   Оюун сургуулиа төгс- ______ ахындаа амьдарсан.
6. Батыг гэрийн даалгавраа хийж дуус- ______ дүү нь түүний өрөөнд ороогүй.
   Бат гэрийн даалгавраа хийж дуус- ______ өрөөнөөсөө гараагүй.
7. Хоол хий- ______ зочны өрөөнд суугаад

зурагт үзэж байгаарай.

Хоол хий- энэ дууг сонсоод сэтгэгдэлээ хэлээрэй.

8. Тэр төгөлдөр хуур сайн дар- бүгд түүнд баяр хүргэв.

Төгөлдөр хуурыг сайн дар- энд сууж хичээллэх болно.

9. Гэрлээ орой бол- надтай байж миний ажилд тусаллаа.

Тэр кино кино үзэх бол- ажил дээрээ сууж ажлаа хийв.

10. Ээж хуушуур хайрч дуус- ах найз нартайгаа орж ирсэн.

Ээж хуушуураа хайр ч дуус- гал зуухны өрөөнөөс гарсангүй.

Дасгал 5.

Дараах өгүүлбэрүүдийн цэгийн оронд тохирох үгийг нөхөж бичээрэй.

а. буутал б. дугартал в. цэвэрлэтэл г. цадталаа
д. гартал е. болтол ё. иртэл ж. дүүртэл
з. түлтэл и. эхэлтэл

1. Би хоолоо идсэн.

2. Ээжийг гал гэр их хүйтэн байсан.

3. Намайг гэрээ түр гадаа байгаарай.

4. Энэ савыг ус хийгээрэй..

5. Намайг гэрээсээ   гадаа бороо орж байв .

6. Хонх   ангиас гарч болохгүй юу?

7. Хоол   энэ аяга, таваг, халбага, сэрээг угаа.

8. Би ээжийгээ   унтахгүй хүлээнэ.

9. Цалин   мөнгөө хүргэх хэрэгтэй.

10. Бид хичээл   даалгавраа хийсэн.

тэмдэглэл

АРВАН ТАВДУГААР ХИЧЭЭЛ

Ажилсаг залуус

Оюун:	Манай хөрш залуу ажилсаг хүн бололтой.
Баяр:	Чи яаж мэдэв?
Оюун:	Ажлаа хийгээд, хоёр хүүхдээ харангаа хашаандаа жимс тариад ер зүгээр суухгүй, амрахгүй юм.

Баяр: Тийм үү, эхнэр нь хаачсан юм бэ?

Оюун: Эхнэр нь гадаадад томилолтоор явсан.

Баяр: Нөхөр нь ажилсаг болохоор эхнэр нь залхуу юу?

Оюун: Залхуу биш ээ. Тэр хүүхэн хүүхдээ гадаа салхилуулангаа халаасны толь бичгээс үг цээжлээд алхаж байдаг юм.

Баяр: Тийм үү, ямар сүрхий залуус вэ?

Оюун: Зуны амралтаа авангуутаа тэд хөдөө явдаг.

Баяр: Амрахаар уу?

Оюун: Хөдөө аав ээж хоёр нь мал малладаг гэсэн. Тэнд амрангаа аав ээждээ малыг нь хариулж, үнээг нь сааж өгч, цагаан идээ боловсруулахад нь тусалдаг гэсэн.

Баяр: Тийм үү, яасан сайхан сэтгэлтэй ажилтай залуус вэ. Одоо ч ийм залуус ховор болсон цаг шүү.

Оюун: Хэлээд юу гэхэв. Ийм залуусаас үлгэр дуурайл авч ажилтай, овсгоотой, цоглог амьдрах юмсан.

Шинэ үг

нэхэх	짜다, 뜨다	томилолт	출장
халаасны толь	단어잔	цоглог	씩씩하다
лекц	강의	боловсруулах	가공하다
ховор	귀한	овсгоотой	약빠르다
бүтээл	작품	үзэсгэлэн гаргах	전시회하다
гарчиглах	(잡지, 신문)빠르게읽다, 훑어보다	цээжлэх	외우다
мэндлэх	인사하다	маань унших	불경 외우다
цагийн ажил	아르바이트	илгээмж	소포
юмны араар нуугдах	뒤로숨다	хулгайч	도둑
шоколад	초콜릿	гудамж	거리
дохио өгөх	신호주다	индүүдэх	다림질하다

Дүрэм

Монгол хэлний угсруулан холбох нөхцөл 몽골어의 종속 접속어 "–нгаа⁴"

기회부사형 "–нгаа⁴" 어미는 하나의 주된 행위와 동시에 몇 개의 행위를 행해지는 뜻을 표현한다. 또한 하나의 행위를 행하는 기회를 이용하여 다른 행위를 행하는 뜻을 표현한다.

"–нгаа⁴" 어미를 바르게 사용하기

–нгаа 어미를 첫번째 음절에 남성모음이 있는 단어에 연결하여 쓴다. (예: явангаа, сурангаа, харангаа 등등)

Жишээ нь:

Тэр хүн яв**нгаа** утсаар ярьж байна.
그 사람이 가면서 통화를 하고 있다.

Сарнай их сургуульд сура**нгаа** цагийн ажил хийдэг.
사르나이는 대학교 다니면서 아르바이트를 한다.

Хүүхэд хара**нгаа** радио сонсож болно.
아이를 돌보면서 라디오 들을 수 있다.

Манай багш хичээл заа**нгаа** самбарт зураг сайхан зурдаг.
우리 선생님께서는 수업을 가르치면서 칠판에 그림을 잘 그리신다.

Чи гара**нгаа** миний хүүд энэ усыг өгчих.
나가면서 내 아들에게 이 물을 줘라.

Би шуудан руу яв**нгаа** машиндаа бензин хийнэ.
내가 우체국으로 가면서 차에 기름을 넣는다.

Тэр оюутан ном уншин**гаа** тэмдэглэж авч байв.

그 학생이 책을 읽으면서 메모를 하고 있었다.

–нгээ 어미를 첫번째 음절에 여성모음이 있는 단어에 연결하여 쓴다. (예: ирэнгээ, үзэнгээ, хүлээнгээ 등등)

Жишээ нь:

Болд Америкаас ирэ**нгээ** Солонгосоор дайрсан.

벌드가 미국에서 오는 길에 한국을 들렸다.

Аав хоол идэ**нгээ** сонин гарчиглах дуртай.

아버지께서는 식사를 하면서 신문 훑어보시는 것을 좋아하신다.

Би автобус хүлээ**нгээ** гар утасны тоглоом тоглодог.

나는 버스 기다리면서 휴대폰 게임 한다.

Тэр захиа бичи**нгээ** дуу аялж байв.

그가 편지 쓰면서 노래를 부르고 앉아 있었다.

Эмчлүүлэ**нгээ** амраад явах санаатай.

치료 받으면서 쉬었다 갈참이다.

Ээж хоол хий**нгээ** аяга тавгаа сайхан угаадаг.

어머니가 요리하면서 설거지를 깔끔히 하신다.

Эмээ юм нэхэ**нгээ** дүүд үлгэр ярьж өгдөг.

할머니가 옷을 짜면서 동생에게 옛날 이야기를 해 주신다.

–нгоо 어미를 첫번째 음절에 남성모음이 있는 단어에 연결하여 쓴다. (예: очингоо, оронгоо, сонсонгоо등등)

Жишээ нь:

Сумын төвөөр очи**нгоо** шуудангаар захидал илгээнэ.

군청에 가면서 우체국에서 편지를 부친다.

Дэлгүүр оро**нгоо** надад тамхи аваад ирээрэй.

가게에 가면서 내 담배를 사 와라.

Би хөгжим сонсо**нгоо** хоол хийх дуртай.

나는 음악 들으면서 요리하는 것을 좋아한다.

Би хуралд оролцо**нгоо** тэнд бүтээлийнхээ үзэсгэлэнг гаргана.

나는 회의에 참석하면서 거기에서 작품 전시회를 열 것이다.

Чи босо**нгоо** миний аяганд цай хийгээд өгөөч.

너 일어난 김에 내 컵에 차를 따라 줘라.

Тэд хөзөр тогло**нгоо** пиво ууж байна.

그들이 카드 놀이 하면서 맥주 마시고 있다.

Дорж амралтын өдөр зах оро**нгоо** нэг бүсгүйтэй танилцжээ.

더르즈가 쉬는 날에 시장에 가면서 어떤 아가씨를 알게 되었다.

–нгөө 어미를 첫번째 음절에 여성모음이 있는 단어에 연결하여 쓴다. (예: өгөнгөө, өсгөнгөө, төлөнгөө 등등)

Жишээ нь:

Хүнд бэлэг өгө**нгөө** инээмсэглэх нь чухал байдаг.

누군가에게 선물을 주면서 웃음 짓는 것이 중요하다.

Хүүхэд өсгө**нгөө** ажил хийх хэцүү.

아이 키우면서 일하는 것이 어렵다.

Чи сургалтын төлбөрөө төлө**нгөө** байрны мөнгөө бас өгчихөөрөй.

너 등록금을 내면서 관리비도 내라.

Эгч яндангаа хөөлө**нгөө** амаа жимийж байв.

누나가 굴뚝을 청소하면서 입을 꼭 다물고 있었다.

Ах нар гадаа мод хөрөөдө**нгөө** сонирхолтой юм ярьцгааж байв.

형들이 밖에서 나무를 자르면서 재미있는 이야기를 하고 있었다.

Эмээ өвөө нар хууч хөөрө**нгөө** хүүхдүүдээ магтацгаах дуртай.

할머니 할아버지들이 옛날 이야기하면서 자식들 자랑을 하시는 것을 좋아 하신다.

Эмээ минь шатаар өгсөнгөө их амьсгаадаж байлаа.

나의 할머니가 계단을 오르면서 숨차하고 계신다.

Унших эх

Тэр над руу харангаа инээмсэглэв. Би ч ажлаа хий
нгээ мэндэллээ. Дараа нь бид хамт хоолонд оронгоо
ярилцав. Гараад алхангаа шоколад авч идэв. Гудамж
инд хүмүүс утсаар ярингаа зарим нь уурлаж, зарим
нь инээж харагдана. Машинууд хажуугаар өнгөрөнг
өө дохио өгнө. Орой гэртээ иртэл ээж хоол хийнгээ д
уу аялж, аав сонин уншингаа зурагт үзэж, дүү даалг
авраа хийнгээ хөгжим сонсож, өвөө найзтайгаа шата
р тоглонгоо тамхиа татаж, ах хувцасаа индүүдэнгээ
бохь зажилж, харин би тэднийг харангаа юу хийхээ
бодож зогслоо.

Дасгал ажил

Дасгал 1.

Цэгийн оронд –нгаа[4] нөхцөлийг зөв сонгож бичээрэй.

1. Чи дэлгүүрээс юм ав- надад сүү аваад ирээрэй.
2. Чи шуудан ор- энэ захиаг явуулчих.
3. Тэр хоёр хүн шатар тогло- кофе ууж байна.
4. Тэр оюутан ном унш- мэдэхгүй үгээ толиноос харж авч байна.
5. Ким монгол хэл сур- , морин хуур хөгжим сурчээ.
6. Тэр Монгол Улсын Их Сургуульд сур- солонгос хэл зааж байв.
7. Чи гадаа гар- надад тамхи аваад ирээрэй.
8. Би автобус хүлээ- сонин гарчигладаг юм.
9. Ээж зурагт үз- заримдаа юм нэхдэг.
10. Хүүхэд хар- өдөрт интернетээр түр зуур мэдээ үздэг.

Дасгал 2.

Дараах өгүүлбэрүүдийг –нгаа[4] нөхцөлөөр холбож бичээрэй.

Жишээ Оюун цай чанаж байхдаа үг цээжилдэг.

Оюун цай чанангаа үг цээжилдэг.

1. Тэр хүн зурагт үзэж байхдаа юм идэж байсан .

2. Малчид малаа хариулж байхдаа олон юм хийдэг.

3. Хоёулаа пиво ууж байхдаа тэр тухай ярилцъя.

4. Би энэ дууг сурч байхдаа үгийг нь цээжилнэ.

5. Бат Оюун хоёр салхинд гарч байхдаа тэр дэлгүүрт очих байх.

6. Тэр охин ном уншиж байхдаа тэмдэглэж авах дуртай.

7. За, хоёулаа тийшээ явж байхдаа энэ тухай ярья.

8. Би шуудан руу очихдоо чиний илгээмжийг аваад ирье.

9. Солонгос руу явж эмчлүүлэхдээ жаахан амраад авах бодолтой байна.

10. Хуралд оролцохдоо тэр газрын хэд хэдэн сургуулиар орж танилцах хэрэг байна.

Дасгал 3.

Дараах өгүүлбэрүүдийг –нгаа[4] нөхцөлийг ашиглаж нийлмэл өгүүлбэр болгоорой.

Жишээ Би энэ номыг уншина. Мэдэхгүй үгээ бичиж авна.
Би энэ номыг уншингаа мэдэхгүй үгээ бичиж авна.

1. Би тэр хүнтэй танилцана. Түүний нэрийн хуудсыг авна.

2. Бат Солонгост ирсэн. Найз нартайгаа уулзсан.

3. Ээж хоол хийдэг. Тэр бас цай чанадаг.

4. Аав захиа бичиж байна. Тэр утсаар ярьж байна.

5. Чи босно. Чи аягыг минь аваад өгөөч.

6. Бид амралтын өдөр хотоор зугаална. Хотын зургийг авна.

7. Би түүнийг харсан. Түүнтэй мэндэлсэн.

8. Зарим хүн юм бичдэг. Хүнтэй ярьдаг.

9. Тэр хөгжим сонсдог. Бас компьютер дээр ажлаа хийдэг.

10. Пак хоолоо иддэг. Тэр заавал ямар нэгэн юм өмнөө тавьж унших байдаг.

Дасгал 4.

Дараах өгүүлбэрүүдийг зөв харгалзуулаарай.

1. Хүүхдүүд хоолоо идэнгээ ________ юмны араар нуугдсан.
2. Тэр эмэгтэй юм угаангаа ________ хүүхэлдэйн кино үзэх дуртай.
3. Хулгайч, цагдааг харангаа ________ дуу аялдаг.
4. Оюун усанд сэлэнгээ ________ хүнтэй ярих дуртай.
5. Би цай ууж суунгаа ________ надад хэдэн марк, дугтуй аваад ирээрэй.
6. Бат ном уншингаа ________ гэрээ цэвэрлэх дуртай.

7. Тэр эмэгтэй хүүхдээ салхинд гаргангаа
   шинэ үгээ толиноос хардаг.

8. Би гадаадад аялангаа
   дасгал хийдэг.

9. Чи шуудангаар оронгоо
   юм нэхэж байна.

10. Би радио сонсонгоо
    бүтээлийнхээ үзэсгэлэнг гаргана.

Дасгал 5.

Дараах өгүүлбэрүүдийн цэгийн оронд –нгаа[4] нөхцөлтэй үгийн аль тохирохыг нөхөж бичнэ үү.

а. уунгаа	б. суранга	в. нугарангаа
г. хийнгээ	д. хэвтэнгээ	е. сонсонгоо
ё. хариулангаа	ж. үзэнгээ	з. гүйнгээ
и. өсгөнгөө		

1. Эмэгтэйчүүд зурагт   амттай хоол хийж
   чаддаг.

2. Хүүхэд төрүүлж   их сургуульд сурах
   хэцүү.

3. Сонгодог хөгжим   юм бодоход үр
   дүнтэй байдгийг нотолжээ.

4. Тэр залуу өглөө бүр гарч   сонин
   тараадаг цагийн ажил хийдэг.

5. Уран нугараач охид   инээмсэглэж

байдаг.

6. Эмнэлэгт ________ тэр хүн ном орчуулжээ.

7. Би гадаадад ________ ажил хийж мөнгө олъё гэж бодсон юм.

8. Малчин хүүхдүүд малаа ________ байгалиас шинэ юм мэдэж авдаг.

9. Завтай үедээ гадаа сууж халуун шоколад ________ орчин тойрноо ажиглах сайхан.

10. Зарим хүүхдүүд гэрийн даалгавраа ________ компьютер тоглоом тоглодог.

Дасгал 6.

Өгүүлбэрүүдийг зөв холбож бичээрэй.

Жишээ Хичээл завсарлангуут *бид ангиас гардаг.*

1. Автобус ирэнгүүт ________ гэрээс хүн гарч ирсэн.

2. Түүнийг дуудангуут ________ түүний нүүр улайсан.

3. Нохой хуцангуут ________ хүмүүс сууцгаасан.

4. Хүүгээ ирэнгүүт ________ охин гүйж ирсэн.

5. Таныг явангуут ________ дүү тайлж өгсөн.

6. Ээжийгээ харангуут ________

ээж нь тэвэрч үнссэн.

7. Надтай уулзангуутаа
харий бичдэг.

8. Би И-мэйл авангуутаа
нэг хүн тантай ярья гэсэн.

9. Өвөө зүрхээ өвдөнгүүт
тэр эргэж харсан.

10. Намайг хаалга цохингуут
эмчид даруй үзүүлдэг.

Дасгал 7.

Хаалтан дотор байгаа үгсийн зөвийг нь сонгоорой.

1. Багшийг ангид орж оюутнууд боссон. /ирэнгүүт, ирэнгүүтээ, ирэнгээ/
2. Багш ангид орж намайг дуудсан./ ирэнгүүт, ирэнгүүтээ, ирэнгээ/
3. Багш ангиас надтай ярилцсан. / гарангуут, гарангуутаа, гарангаа/
4. Багшийг ангиас Бат намайг дуудна./ гарангуут, гарангуутаа, гарангаа /
5. Би театрт Сарнайтай ярилцсан. / очингуут, очингуутаа, очингоо/
6. Би Эрдэнэбаярыг таньсан. / харангуут, харангуутаа, харангаа/
7. Намайг Эрдэнэбаяртай тэр хүн гараад явсан. / уулзангуут, уулзангуутаа, уулзангаа/

8. Тэр хүн ном ________ мэдэхгүй үгээ толиноос харж байсан. / уншингуут, уншингуутаа, уншингаа/

9. Би тэр хүнийг ________ юу ярих гэж байгаагий нь мэдсэн. /ярьж эхлэнгүүт, ярьж эхлэнгүүтээ, ярьж эхлэнгээ/

10. Оюун Солонгост ________ надтай утсаар ярьсан. /ирэнгүүт, ирэнгүүтээ, ирэнгээ/

ТЭМДЭГЛЭЛ

АРВАН ЗУРГААДУГААР ХИЧЭЭЛ

Давтлага хичээл

НЭГДҮГЭЭР ХИЧЭЭЛ

1. Монголчуудын эмэгтэйчүүд нь эрэгтэйчүүдээсээ урт насалдаг.
2. Багачууд хөл бөмбөг тоглож сурч байна.
3. Томчуул хүүхэд байсан үеэ мартдаг.
4. Гэрийн хаягаар ирсэн захидлуудыг шуудангаас х үргэж өгдөг.
5. Хувцасны загварын сэтгүүлүүд сайхан өнгөтэй х эвлэгддэг.
6. Дарга нарт зориулсан өрөөнүүд хамгийн дээд дав харт байдаг.
7. Наадмаар хурдан морьдыг уралдуулдаг.
8. Манай сургуулийн хөгжөөн дэмжигчид тэнд суу цгааж байна.
9. Өнгө өнгийн цэцгсээс цөөн цөөнийг түүв.
10. Монгол Алтайн уулс холоос сүртэй харагддаг.

ХОЁРДУГААР ХИЧЭЭЛ

1. Хэдэн цаг болж байна, цагаа хар даа, би нэг найз ындаа очно.
2. Гадаа их хүйтэн байна, цонхоо хаа гэж хоолойгоо сөөтөл хашгирлаа.
3. Тэр оюутан хичээлээ сайн давтаж шинэ үгсээ сай н цээжлэдэг.
4. Чи явах өдрөө хэлээрэй, би чамд өрөө өгөх гэсэн юм.
5. Бэхтэй үзгээр бичдэг тул хуруугаа заримдаа бэх б олгодог.
6. Тариачид ногоогоо хураах цаг болжээ.
7. Эмээгээ шатаар өгсөж уруудахад нь тусалж байга арай.
8. Та надад хөрөөгөө өгөөч.
9. Ханиа хайрлаж амьдрах хэрэгтэй.
10. Энэ номынхоо дараагийн ботио ирэх жил хэвл үүлэх санаатай байна.

ГУРАВДУГААР ХИЧЭЭЛ

1. Алдартай түүхчийн бичсэн номыг авч уншлаа.
2. Саваа таглахгүй орхисон тул цай хөрсөн байлаа.
3. Тэд зочид буудалд байрлаж байгаа.
4. Энэ хуралд зориулж сая төгрөг төсөвлөв.
5. Дүү маань зуу хүртэл тоолж сурчээ.
6. Энэ цайг буцалбал сүүлээрэй.
7. Эмээ өвөө хоёр байшингийнхаа урд салхилж суув.
8. Энэ чихрүүдийг өнөөдөр уутлаж тавиарай.
9. Энэ зургийг дууриалгаж хайчил.
10. Энэ ажлыг хүчилж хийж болохгүй.

ДӨРӨВДҮГЭЭР ХИЧЭЭЛ

1. Сайн хүнтэй нөхөрлөвөл сарны гэрэл, муу хүнтэй нөхөрлөвөл могойн хорлол.
2. Энэ асуудлыг нэн хурдан шийдвэрлэх хэрэгтэй.
3. Тэр залуу тас хар дээл өмсчээ.
4. Дулмаа цав цагаан өнгөнд дуртай.
5. Өнөөдөр гадаа хүйтэвтэр байна.
6. Тэр охин өндөг мэт өөгүй цэвэрхэн царайтай.
7. Чийдэнгээ солиод өрөө маань өдөр мэт саруул болов.
8. Чулуунаас хатуу зүрхтэй хүн байна шүү.
9. Ажил гэж толгойтой үснээс олон байна.
10. Ээжийн минь хэлсэн үг туйлын үнэн байжээ.

ТАВДУГААР ХИЧЭЭЛ

1. Наадмаар бөх барилдаж, морь уралдаж, нум сум харвадаг.
2. Монголд хавар мал төллөж, цас мөс хайлж, нүүд лийн шувууд ирдэг.
3. Хөдөлмөрч аав танаараа бахархаж таныг байнга д урсдаг.
4. Үзэгчид суудалдаа сууж, гэрэл унтарч, кино эхлэв.
5. Найзуудтайгаа ирж, мод түлээ бэлтгэж, ээж аавда а туслав.
6. Тэнгэр бүрхэж, гадаа хүйтэрч, цасан шуурга шуу рав.
7. Бороо арилж, солонго татаж, нар гарлаа.
8. Хүү нь сайн сурч, эцэг эхээ баярлуулав.
9. Онгоц бүр дээшээ нисч, үүлний цаагуур орлоо.
10. Олон хоног шуурга шуурч, бэлчээр цасанд дара гдав.

ЗУРГАДУГААР ХИЧЭЭЛ

1. Манай гэрийнхэн өглөөний цайгаа уугаад ажил, сургуульдаа явдаг.
2. Бат саяхан хөдөө яваад, өвөөтэйгөө уулзаад иржээ.
3. Хоол хийж тавиад хүлээсэн боловч ирсэнгүй.
4. Та миний түлхүүрийг олоод тавьчихаарай.
5. Худалдагч аа, энэ гутлыг солиод өгөөч.
6. Тэднийх шинэ байранд ороод найр хийжээ.
7. Бороо зүсрээд зогсох янзгүй.

8. Би мөнгөө хэмнээд явган ирлээ.

9. Би гүйгээд гүйгээд цагтаа ирж амжсангүй.

10. Замын хөдөлгөөний дүрэм зөрчөөд торгуульжээ.

ДОЛДУГААР ХИЧЭЭЛ

1. Хонх дуугаран, хичээл эхлэж багш дэвтрээ нээн, оюутнуудын ирцийг бүртгэв.
2. Ресторанд хүмүүс ярилцан, инээлдэн, дуулалдан сууцгаана.
3. Ах гартаа тортой юмаа барьж үүргэвчээ үүрэн га рлаа.
4. Яван явсаар нэгэн үзэсгэлэнтэй газар ирэв.
5. Бид хийх ажлаа ярилцан төлөвлөсөн.
6. Яван явсаар ойд очтол чоно уйлан, хүн амьтдыг а йлгана.
7. Бид хийх ажлаа ярилцан төлөвлөсөн.
8. Түүний зөв бурууг шүүн хэлэлцжээ.
9. Сүүдэрт суун ном уншин энэ зуны халууныг өнг өрөөлөө.
10. Ууланд хүүхдүүд жимс түүн хөгжилтэй амарч байна.

НАЙМДУГААР ХИЧЭЭЛ

1. Мандах ах байгалийн зураг зурсаар байгаа.
2. Ээж нь хүүгээ хойноос нь харсаар хоцров.
3. Тэднийх хотод нүүж ирсээр 3 жил болжээ.

4. Уншсаар байгаад маргааш гэхэд дуусгана гэж өөр төө зорилго тавив.
5. Би чамайг хүлээсээр байгаад юу ч хийж чадсангүй.
6. Дүү минь гэрийн даалгавраа хийсээр байгаад их орой унтав.
7. Ээж нь охиныхоо ирэх өдрийг тоолсоор дээл оё соор сууна.
8. Маш сайн сурья гэвэл бууж өгөлгүй оролдсоор б айх хэрэгтэй.
9. Бат зээлээ хугацаанд нь төлсөөр байгаад өргүй бо лжээ.
10. Хүнд юм өргөсөөр байгаад нуруу нь өвддөг бол жээ.

ЕСДҮГЭЭР ХИЧЭЭЛ

1. Тэр эрдэмтэн олон улсын хуралд илтгэл тавихаар я вжээ.
2. Айл хотлоор явж дүүгээ сураглахаар морджээ.
3. Ерөнхийлөгч гадаадад айлчлахаар өчигдөр морджээ.
4. Тэд Монголд төсөл хэрэгжүүлэхээр иржээ.
5. Тэр мэс засал хийлгэхээр эмнэлэгт хэвтжээ.
6. Би чамаас мөнгө зээлэхээр ирлээ.
7. Сүрэн эмч болохоор Анагаах Ухааны Их сургуульд оржээ.
8. Тамирчид тэмцээнд оролцохоор маргаашийн онгоц оор нис나.
9. Орос улс шинэ хиймэл дагуул хөөргөхөөр бэлтгэж байна.

10. Эмээ өнчин хүүг өөр дээрээ авч өсгөхөөр болжээ.

АРАВДУГААР ХИЧЭЭЛ

1. Хонх дуугарахлаар хичээл завсарладаг.
2. Би цалингаа буухлаар чамд энэ даашинзыг авч өгье.
3. Түүний гараас барихлаар дандаа халуун байдаг.
4. Гал түлэхлээр гэрт дулаахан болдог.
5. Ханиад хүрэхлээр хамраас нус гоождог.
6. Гадаа хүйтрэхлээр нэхий дээл авах санаатай.
7. Даваог тэмцээнд орохлоор бид дэмжихээр явдаг.
8. Цагдааг торгохлоор хүмүүс уурладаг.
9. Өвдөг өвдөхлөөр халуун жин тавьж өвчин буулгад аг.
10. Бөөг бөөлөхлөөр зарим хүн айдаг.

АРВАН НЭГДҮГЭЭР ХИЧЭЭЛ

1. Онгоцоор явбал илүү хурдан.
2. Мөнгөө сайн тооцолбол жаахан дутаж байлаа.
3. Дэвүүрээр дэвбэл жаахан сэрүүцдэг.
4. Ажлыг хийж эхэлбэл, дуусгах хэрэгтэй.
5. Байрны мөнгөө хугацаанд нь төлбөл дараа сард ама р байдаг
6. Энэ юм буцлаад усанд хөвбөл шууд авч тавиарай.
7. Даарвал дулаан хувцас өмсөөрэй
8. Энэ мөнгийг банканд авч очвол сольж өгнө.
9. Танайх маргааш нүүвэл надад хэлээрэй.

10. Эхнэрээ төрвөл түүнд сайн туслах хэрэгтэй.

АРВАН ХОЁРДУГААР ХИЧЭЭЛ

1. Лаа олныг тавьж асаавч өрөөг сайн гэрэлтүүлсэнгүй.
2. Гэртээ зөндөө хайвч тэр бичгийг олж чадсангүй.
3. Эргүүлж тойруулан үзэвч жинхэнээсээ огт ялгагдахгүй байв.
4. Тэр ганц найздаа яривч бүгд мэдсэн байжээ.
5. Би явмаар байсан боловч яваагүй.
6. Туяа ажил ихтэй ч гэсэн солонгос хэл сурч байгаа.
7. Болд оросоор сайн ярьдаг ч гэсэн бичиж чаддаггүй.
8. Тэр хүүхэд гүйсэн ч гэсэн одоо очиж амжихгүй.
9. Одоо явлаа ч гэсэн уулзаж чадахгүй учраас утсаар ярилаа.
10. Сургуулиа төгсөн ч гэсэн мэдлэг боловсролоо дээшлүүлж байгаарай.

АРВАН ГУРАВДУГААР ХИЧЭЭЛ

1. Дохио солигдонгуут машинууд явж эхлэв.
2. Би хичээлээ тарангуут чам руу утсаар ярья.
3. Ээж намайг сэрээнгүүт би босдог.
4. Би монгол хэл сурч эхлэнгүүтээ монгол явж үзсэн.
5. Би чамайг хармагцаа танилаа.
6. Гэртээ харимагцаа над руу утасдаарай.
7. Түүний биенд хүрмэгц халуу шатаж халуурч байгаа нь мэдлээ.

8. Өрөөгөө цэвэрлэмэгцээ хайж байсан зүйлээ олж ав лаа.
9. Хашаагаар нь ормогц тэднийх маш ажилсаг нь мэд эгдэв.
10. Тэр байшинг тойрмогц нэг сүм харагдана.

АРВАН ДӨРӨВДҮГЭЭР ХИЧЭЭЛ

1. Хонх дартал ээж хаалга онгойлгож өгөв.
2. Би энэ номыг нар жаргатал уншина.
3. Ах гутлаа гялалзтал нь тослодог.
4. Имэрч үзтэл сайн торго болох нь мэдэгдэв.
5. Би тэр зураач насан эцэлэстэлээ энэ байранд амьда рчээ.
6. Тэр хүүхэд шүдээ цоортол чихэр иджээ.
7. Сайдаар томилтол энэ газраа ажилсаар байх болно.
8. Энэ сүүг хөөсөртөл нь самраарай.
9. Жаал хүү хоолойгоо сөөтөл уйлжээ.
10. Эмчийг зөвшөөртөл наад эмээ ууж болохгүй шүү.

АРВАН ТАВДУГААР ХИЧЭЭЛ

1. Манай багш хичээл заангаа самбарт зураг сайхан з урдаг.
2. Сарнай их сургуульд сурангаа цагийн ажил хийдэг.
3. Би автобус хүлээнгээ гар утасны тоглоом тоглодог.
4. Эмээ юм нэхэнгээ дүүд үлгэр ярьж өгдөг.
5. Би хурлад оролцонгоо тэнд бүтээлийнхээ үзэсгэлэн

г гаргана.

6. Чи босонгоо миний аяганд цай хийгээд өгөөч.
7. Хүүхэд өсгөнгөө ажил хийх хэцүү.
8. Эмээ минь шатаар өгсөнгөө их амьсгаадаж байлаа.
9. Эмээ өвөө нар хууч хөөрөнгөө хүүхдүүдээ магтацг аах дуртай.
10. Ах нар гадаа мод хөрөөдөнгөө сонирхолтой юм яр ьцгааж байв.

Хавсралт 1

Дасгал ажлын хариу

НЭГДҮГЭЭР ХИЧЭЭЛ

Дасгал 1

банкнууд, дасгалууд, дуучид, биес, баячууд, сувилагч нар, нэрс, охид, музейнууд, асуултууд, бүсгүйчүүд, залуучууд, эрдэмтэд, ихэс, хүүхдүүд, хөвгүүд

Дасгал 2

нуруунууд, уулнууд, говиуд, далайнууд, өвгөд

Дасгал 3

1. Багш нар хичээл заадаг.
2. Эрэгтэйчүүд эмэгтэйчүүдээс богино насалдаг.
3. Цэцэгс салхинд найгаж байна.
4. Тогооч нар сайхан хоол хийдэг.
5. Хотын төвд шинэ ресторанууд нээгджээ.
6. Тэр морьд хэнийх вэ?
7. Нялхас арчилгаа их шаарддаг.
8. Зун болохоор жуулчид их ирдэг.
9. Солонгосчууд амралтын өдрүүдээ сайхан өнгөрөөдөг.
10. Залуучууд техник их сонирхдог.

Дасгал 4.

1. Монгол оронд жил бүр олон **жуулчин** жуулчилдаг.
2. Тоглоомын талбай дээр ганцхан **хүүхэд** тоглож байна.
3. 3-р сарын 8-ны өдөр бол **эмэгтэйчүүд**ийн баярын өдөр юм.
4. Хаврын улиралд **тариачид** их завгүй байдаг.
5. Намар болохоор **малчид** малынхаа хашаа саравчийг засдаг.
6. Манай сургуульд 10000 гаруй **оюутан** суралцдаг.
7. Ой модонд олон **амьтан** байдаг.
8. Сүүлийн жилүүдэд тохилог зоогийн **газрууд** олширч байна.
9. Намар болохоор нүүдлийн **шувууд** буцдаг.
10. **Монголчууд** эрт дээр үеэс нүүдэллэн амьдарч ирсэн.

Дасгал 5.

1. Ээж надад **олон гутал** авч өгөв.
2. Музейд **үзмэрүүд** бий.
3. **Сурагчдын** эцэг эхийн хурал болов.
4. Энэ ууланд **ан амьтан элбэг** байдаг.
5. Миний **шүднүүд** заримдаа өвддөг.
6. **Уулсын** дээгүүр онгоц нисч байна.
7. **Эмч нар** хүнийг эмчилдэг, **багш нар** хүнийг сургадаг.
8. Багш **сурагчд**ын насыг асуув.
9. Намар **усны шувууд** буцдаг.

10. Зарим **амьтад** өвөл болохоор ичдэг.

ХОЁРДУГААР ХИЧЭЭЛ

Дасгал 1

Жишээ 1 1. 1. Аав цайгаа уусан.

2. Бид дасгалаа бичсэн.

3. Дүү гараа угаасан.

4. Ээж гэрээ цэвэрлэсэн.

5.Ах хувцасаа индүүдсэн.

Жишээ 2 1. Бат эгчтэйгээ уулзсан.

2. Оюун дүүтэйгээ уулзсан.

3. Оюутнууд багштайгаа уулзсан.

4. Тэр хүн эмчтэйгээ уулзсан.

5. Би өвөөтэйгээ уулзсан.

Жишээ 3 1. Би сургуулиасаа ирсэн.

2. Эгч ажлаасаа ирсэн.

3. Би нутагаасаа ирсэн.

4. Тэр эмэгтэй дэлгүүрээсээ ирсэн.

5. Захирал бэлтгэлэсээ ирсэн.

Жишээ 4 1. Би аавдаа бэлэг өгсөн.

2. Бат эгчдээ захиа бичсэн.

3. Ээж нь хүүдээ цамц авсан.

4. Би өвөөдөө шатар авсан.

5. Би найздаа бэлэг авсан.

Жишээ 5 1. Би гэртээ байна.

2. Би багшийндаа байна.

3. Би өвөөгийндөө байна.

4. Би найзындаа байна.

5. Би ангидаа байна.

Дасгал 2

1. Чи багштайтайгаа уулзсан уу?
2. Та сургуулиа хэзээ төгсөх вэ?
3. Та гэрээсээ ирэв үү?
4. Гадаа хүйтэн байна, цонхоо хаа.
5. Чи Батад зээлүүлсэн мөнгөө авсан уу?
6. Би гэрийн даалгавараа хийж чадсангүй.
7. Оюун сургууль руугаа явжээ.
8. Миний дүү найзтайгаа утсаар ярьж байна.
9. Манай багш зээ охиноо их санадаг.
10. Чи ээждээ захиа бичээрэй.

Дасгал 3

1. Бат англи хэлний номоо уншиж байна.
2. Чи үүнийг багшаасаа сайн асуу.
3. Та онгоцны билет, паспорт, мөнгөө мартав!
4. За, би ажилдаа явлаа.
5. Би /чи/ чамдаа маш их хайртай.
6. Багш охинтойгоо амьдардаг.
7. Би найзынхаа гэрийн утасны дугаарыг мартжээ.
8. Тэр эмэгтэй нөхөртэйгээ хөдөө явсан.
9. Даалгавраа хариунаас нь харж хийж болохгүй.
10. Чи намайг ирэхэд гэрээ сайхан цэвэрлээд сууж байгаарай.

Дасгал 4

1. Би **гэрийн даалгавараа** хийж байна.
2. Та **охиныгоо** санаж байна уу?
3. Чи **номоо** аль дэлгүүрээс авсан бэ?
4. Би **муурандаа** хоол өгч байна.
5. Би **ээждээ** их хайртай.
6. Та **ахдаа** e-mail бичдэг үү?
7. Би **нөхөртэйгээ** маргааш аяллаар явна.
8. Би аав, ээж, **нохойтойгоо** амьдардаг.
9. Би **гэртээ үзгээ** мартжээ.
10. Би **гэр лүүгээ** явж байна.

Дасгал 5

1. Тэр хүн нүдний **шилээ** авч арчаад эргүүлэн зүүлээ.
2. Бат унасан боловч **бөмбөгнөөсөө** хөлөө салгасангүй.
3. **Малаа** хариулж яваад чоно харсан гэнэ.
4. Нөхөдтэйгөө ч, **номтойгоо** ч сайн нөхөрлөх хэрэгтэй гэв.
5. Шавхайтай **гутлаара**а энд тэндгүй явсан.
6. Цуглуулсан **мөнгөөрөө** унадаг дугуй авчээ.
7. Гар **утастайгаа** яваа болохоор санаа зовох хэрэггүй.
8. Хүүхдүүд **эцэг эхийнхээ** үгэнд ордог бол маш сайн.
9. Надад **асаагуураа** түр өгөөч.
10. Өвөө минь **радиогоо** байнга сонсдог.

ГУРАВДУГААР ХИЧЭЭЛ

Дасгал 1

1. Манай аав оройн зургаан цаг хүртэл **ажилладаг.**
2. Тэд өчигдөр **галт тэргээр** ирсэн.
3. Миний эгч **Их сургуульд** сурдаг.
4. Хүмүүс **эрүүл энх, аз жаргалтай** амьдрахыг хүсдэг.
5. Энэ хоол сайхан **амттай** байна.
6. **Шар шувуу** шөнө нисдэг.
7. Монгол улсад **аялал жуулчлал** амжилттай хөгжиж байна.
8. Ариунаа **ардын дууг** сайхан дуулдаг.
9. **Барилгачин** хүний хөдөлмөр амархан биш.
10. Бид **гадаад хэлний** хичээл дээр өдөр бүр шинэ үг цээжилдэг.

Дасгал 2

загасчил, хөдөлмөрлө, цээжил, нэрлэ, савал, дуул, байрла, зарла, багцал, цоожил, малла

Дасгал 3

төмөр зам, галт тэрэг, номын сан, усан онгоц, шар шувуу, аз жаргал, цагаан толгой, Их сургууль, монгол дуу

Дасгал 4

/чийг- лэж/, /мал- чин/, /загас- чин/, /сав- лав/, /мод- той/, /үнэ- тэй/, /тоо-лж/, /эмч- лж/, /байр- лаж/, /жолоо-ч/, /тариа- чин/

Дасгал 5

гуталчин, засгийн газар, галч, худалдагч, уран баримал, гар утас, кино театр, сансрын хөлөг, алимны мод, машины зогсоол

ДӨРӨВДҮГЭЭР ХИЧЭЭЛ

Дасгал 1

1. Манай аавд олон **хурдан** морь бий.
2. Номын дэлгүүрээс **шинэ** ном худалдаж авлаа.
3. Манай ангийн оюутнууд **сайн** сурдаг.
4. Манай сургуулийн хажууд олон **том** мод байдаг.
5. Яст мэлхий **шиг удаан** явдаг.
6. Онгоц **өндөр** нисдэг.
7. Далайн ус **шорвог** амттай.
8. Хан мөрний эргээр зугаалах **сайхан** байдаг.
9. Багш самбарт **гурвалжин** дүрс зурж байна.
10. Бар бол **аймшигтай** амьтан.

Дасгал 2

1. Ээж дэлгүүрээс **ув улаан** алим авсан.
2. Шинэ орсон цас **цав цагаан** өнгөтэй байдаг.
3. Намар зарим модны навч **шав шар** өнгөтэй болдог.
4. Надад **цоо шинэ** гутал бий.
5. Далай холоос **хөв хөх** өнгөтэй харагддаг.
6. Болд **их олон** ном уншсан
7. Интернетээр мэдээлэл **маш хурдан** тархдаг.
8. **Асар хүчтэй** салхи салхилж байгалийн гамшиг болов.
9. Дэлхийн цэвэр усны нөөц **их багасч** байна.
10. Дэлхийн том хотуудад **хэтэрхий** олон хүн сууж байна.

Дасгал 3

1. Онгоц **нисдэг тэрэгнээс том.**
2. Оюун **сувд шиг цагаан** шүдтэй.
3. **Уулнаас өндөр** улиас байдаг уу?
4. Антарктид бол **хамгийн хүйтэн** газар.
5. Цаг бол **алтнаас үнэтэй**.
6. Цаг хугацаа **харвасан сум мэт хурдан** өнгөрч байна.
7. Энэ муур **ирвэс шиг** харагдаж байна.
8. Хяргас нуур **Хөвсгөл нуураас жижиг**.
9. Канад бол амьдрахад **хамгийн сайхан** орон.
10. Зун Токио хот Бээжин **хотоос халуун** байдаг уу?

Дасгал 4

1. халуун зун
2. зузаан ном
3. том төмс
4. шар будаг
5. өндөр хүн
6. гэрэлтэй цонх
7. хурдан морь
8. үнэтэй бараа
9. жижигхэн гацуурхан
10. гурвалжин дүрс

ТАВДУГААР ХИЧЭЭЛ

Дасгал 1

1. Би өглөө 7 цагт бос**ч** дасгал хийдэг.
2. Бат бөмбөг тогло**ж**, аав нь шатар тавь**ж**/нүү**ж**/ байна.
3. Би 8 цагт гэрээсээ гар**ч** автобусанд суу**ж** сургуульдаа очдог.
4. Манай хичээл 50 минут ор**ж**, 10 минут завсарладаг.
5. Багш хичээл заа**ж**, бид анхааралтай сонс**ож** бичиж авдаг.
6. Би орой гэртээ ирээд оройн хоолоо ид**эж**, цай уу**ж**, зурагт үздэг.

7. Би өнгөрсөн зун хөдөө явж морь унаж сурсан.

8. Намар малчин хүн малаа таргалуулж, хашаа саравчаа засч, өвөлд бэлддэг.

9. Шөнийн тэнгэрт одод гялалзаж, сар туяарна.

10. Бид өдөржин явж, нэгэн үзэсгэлэнтэй байгальтай газар ирсэн.

Дасгал 2

1 .Бороо **орж** солонго татав.

2. Миний дүү зураг **зурж** хөгжим сонсох дуртай.

3. Хавар **болж** амьтад ичээнээсээ гарав.

4. Гадаа бороо **орж**, салхи **салхилж** байна.

5. Орох хаалгаар **гарч**, гарах хаалгаар **орж** болохгүй.

6. Би Солонгост сайхан **амьдарч** бас сайн **сурч** байна.

7. Их бороо **орж**, гол мөрөн **үерлэж** байгалийн гамшиг болов.

8. Сургуулийн гадаа хямдралтай ном **худалдаж** оюутнууд их **авч** байна.

9. Ах ажлаасаа **ирж**, эгч ажилдаа явлаа.

10. Хонх **дуугарч** хичээл завсарлав.

Дасгал 3

1. Тэнгэр цэлмэж нар гарав.
2. Өвөл болж зарим амьтад ичив.
3. Хавар болж гадаа дулаан болов.
4. Хонх дуугарч хичээл завсарлав.
5. Намар болж өвс , ногоо гандав.
6. Шалгалт дуусч оюутан, сурагчид амрав.
7. Шөнө болж сар гарав.
8. Цас маш их орж зуд болов.
9. Бороо их орж үер болов.
10. Тэнгэр дуугарч бороо оров.

Дасгал 4

1. Би Солонгосын цаг агаарт дасч байна .
2. Энэ товчлуурыг дарж хаалгыг онгойлгоно.
3. Бид тэмцээнд ялж ихэд баярлалаа.
4. Усанд сэлж сурах хэрэгтэй.
5. Тэр олон орноор аялж сонирхолтой нэвтрүүлэг бэлджээ.
6. Өндөг хагарч дэгдээхий гарав.
7. Өөхтэй мах идэж болохгүй гэж эмч надад зөвлөсөн.
8. Тэд олон жил хамт амьдарч аз жаргалаа хуваалцжээ.
9. Одоо надад монгол хэл сурах амархан санагдаж байна.
10. Зодооны үед тэр хүн нүүрэндээ цохиулж гэнэ.

ЗУРГААДУГААР ХИЧЭЭЛ

Дасгал 1

1. Би өглөө бүр өглөөний цайгаа ууг**аад** хичээлдээ явдаг.
2. Би өглөө бос**оод** цонхоо нээдэг.
3. Бат хичээлээсээ ир**ээд** гэрийн даалгавраа хийдэг.
4. Чи энэ номыг унш**аад** утгыг нь надад ярьж өгөөрэй.
5. Чи энэ ажлыг хийг**ээд** гадаа гарч болно.
6. Бат сургуулиа төгс**өөд** инженерийн мэргэжилтэй болно.
7. Би монголоор сайн ярьдаг бол**оод** чамтай монголоор ярина.
8. Бид мөнгө төл**өөд** автобусанд суудаг.
9. Аав орой ажлаасаа ир**ээд** жаахан амрах дуртай.
10. Би энэ номыг унш**аад** ойлгохгүй юм, яах вэ?

Дасгал 2

1. Би онгоцны билет ав**аад** маргааш Монгол руу ниснэ.

2. Бат гуанзанд ор**оод** номын санд суудаг.

3. Тэр хүн их ядр**аад** унтсан.

4. Миний охин галт тэргээр ир**ээд** автобусаар буцна.

5. Би банкнаас мөнгө ав**аад** чамд өгнө.

6. Би одоо гэрийн даалгавраа хийг**ээд** жаахан амарна.

7. Би мэдэхгүй үгээ толь бичгээс хар**аад** сэдвийг орчуулсан.

8. Бат удахгүй ир**ээд** тантай уулзана гэсэн.

9. Тэр эмнэлэгт хэвт**ээд** бие нь сайн болсон.

10. Тэр оюутан их даар**аад** ханиад хүрсэн.

Дасгал 3

1. Би орой гэртээ хариад сонин сэтгүүл уншдаг.

2. Би и-мэйл аваад заавал хариу бичдэг.

3. Шалгалтаа өгөөд хөдөө явж сайхан амарна.

4. Тэр хүн эмчид үзүүлээд эм авч уусан.

5. Ээж эрт босоод бидэнд хоол хийж өгдөг.

6. Би орой унтаад өглөө эрт боссон.

7. Бат хүнтэй танилцаад нэрийн хуудсаа өгдөг.

8. Би кино үзээд чамд тэр киноны тухай ярьж өгнө.

9. Тэр хүн шалгалтандаа тэнцээд их баярласан.

10. Би цалингаа аваад банканд мөнгөө хадгалуулна.

Дасгал 4

1. Болд олон сонин ширээн дээр авчирч тавиад гарлаа.

2. Та нар өчигдрийн хичээлээ давтаад сууж бай.

3. Цүнх, хүзүүний ороолт хоёроо бариад гараад явлаа.

4. Үнэмлэхээ үзүүлээд орно уу гэж хэлэв.

5. Ажлаа сайн хийгээд их цалин авчээ.

6. Хэчнээн яарч байсан ч цайгаа уугаад гараарай.

7. Энэ гудамжийг тойроод их дэлгүүр байдаг гэнэ.

8. Эмнэлэгт хэвтээд түүний бие сайн болжээ.

9. Хүү нь аавдаа “Сайн яваад ирээрэй.” гэв.

10. Тоглохоо болиод ажил хийвэл сайн байна.

Дасгал 5

1. Би чихэр их идээд шүд минь өвдсөн.
2. Олон хоног бороо ороод зам эвдэрчээ.
3. Ажлаа тараад саунд орно.
4. Эгч хөдөө яваад өчигдөр ирсэн.
5. Тэр их даараад ханиад хүрчээ.
6. Ариунаа цалингаа аваад банканд хийдэг.
7. Би энэ номыг уншаад ойлгосонгүй.
8. Тэр хүн гадаа бодлогоширон сууна.
9. Эмч миний биеийг үзээд эрүүл байна гэсэн.
10. Тэр их хүйтэн ус уугаад хоолой нь өвджээ.

ДОЛООДУГААР ХИЧЭЭЛ

Дасгал 1

1. Би маргааш дэлгүүрээс гутал худалдан авна.
2. Намайг битгий ширтэн хар!
3. Настай хүнийг хүндэтгэн суудал тавьж өгч бай!
4. Би чамтай уулзахаар яаран ирлээ.
5. Тэр хүүхэд эргэж харан харан гүйв.
6. Туулай, хүн хараад дэгдэн харайлаа.
7. Би танаас урилга хүлээн авч их баярлалаа.
8. Тэр хүн түрийвчнээсээ мөнгө гарган тоолов.

9. Тогооч хүмүүст хоол аягалан өгч байна.

10. Малчдын хүүхдүүд морио унан сургуульдаа явцгаав.

Дасгал 2

1. дүүлэн нисэх
2. нисэн одох
3. шүүрэн авах
4. бодон суух
5. хэвлэн гаргах
6. яаран гүйх
7. даллан дуудах
8. чирэн гулдрах
9. мэхийн ёслох
10. уяран хайлах

Дасгал 3

1. Лувсан шөнө унтаагүй учир эвшээлгэн нойрмоглоно.
2. Бяцхан охин зүүдлэн сэрэв.
3. Тэнгэрт одод анивчин гялалзана.
4. Зөгийнүүд цэцгэн дээгүүр эргэлдэн нисцгээнэ.
5. Хүүхдүүд сүлд модыг тойрон бүжиглэж байна.
6. Ээж дүүг бүүвэйлэн унтуулав.
7. Ерөнхийлөгчийг хүндэтгэн угтаж авлаа.
8. Чоно бугыг тасчин идэв.
9. Сармагчингууд нэг мөчрөөс нөгөө мөчирт дүүлэн наадна.
10. Салхивчаа нээн агаар оруулав.

НАЙМДУГААР ХИЧЭЭЛ

Дасгал 1

1. Би энд ирсээр нэг сар болж байна.
2. Бид хоёр танилцсаар 10 жил болжээ.
3. Гадаа цас орсоор байна.

4. Аав чинь ажлаа хий**сээр** байгаа юу?

5. Бат багш хичээлээ заа**саар** байгаа.

6. Тэр хүүхэд чихэр ид**сээр** байгаад шүд нь муу болсон.

7. Чиний толгой өвд**сөөр** байна уу?

8. Ээж чинь чамаас захиа хүлээ**сээр** байна.

9. Би "Миний нутаг" шүлгийг унш**саар** байгаад цээжилчихсэн.

10. Тэр хүн хоол их ид**сээр** байгаад таргалсан.

Дасгал 2

1. Манайхан ажлаа **хийсээр** байгаа.

2. Бид машинаар **явсаар** нэг хотод очив.

3. Би чамайг **хүлээсээр** байгаад юу ч хийж чадсангүй.

4. Даалгавраа **бичсээр** байгаад тэр хүүхдийн гар нь цуцав.

5. Бат солонгос хэл **сурсаар** нэг жил болж байна.

6. Би хотод **ирсээр** таван жил болж байна.

7. Миний хүү шалгалтаа **өгсөөр** байгаа.

8. Найз охин чинь чамайг **хүлээсээр** сууна.

9. Бид хоёр **танилцсаар** арван жил болж байна.

Дасгал 3

1. Манайхан ажлаа хийсээр байгаа.

2. Бид машинаар явсаар нэг хотод очив.

3. Би чамайг хүлээсээр байгаад юу ч хийж чадсангүй.

4. Оюутнууд лекцээ бичсээр байгаад гар нь цуцав.

5. Бат солонгос хэл сурсаар нэг жил болов.

6. Би хотод амьдарсаар 5 жил болж байна.

7. Миний хүү шалгалтаа өгсөөр байгаа.

8. Би нутгаа санасаар сууна.

9. Бид хоёр танилцсаар 10 жил болж байна.

10. Гадаа салхи салхилсаар байна.

Дасгал 4

Жишээ 1 1. Би Улаанбаатар хотод ирсээр нэг сар боллоо.

2. Би Оюуныг энд хүлээсээр нэг цаг боллоо.

3. Би англи хэл сурсаар олон жил өнгөрлөө.

4. Бат эхнэр авсаар 5 жил боллоо.

5. Энэ сургууль байгуулагдсаар 60 жил боллоо.

Жишээ 2 1. Тэр хүн өдөр бүр дасгал хийсээр байгаад сайн тамирчин болсон .

2. Би хичээл бүрийн шинэ үгийг тогтоосоор байгаад одоо олон үг мэддэг боллоо.

3. Бид хоёр шатар тоглосоор байгаад гуанзанд орохоо мартжээ.

4. Монголын бөх бусад орны бөхөөс сайн барилдсаар байгаад энэ тэмцээнд түрүүллээ.

5. Оюун жил бүр тэмцээнд оролцсоор байгаад улсын аварга боллоо.

ЕСДҮГЭЭР ХИЧЭЭЛ

Дасгал 1

1. Би хувцас ава**хаар** дэлгүүрт очсон.
2. Бат үсээ засуула**хаар** үсчин рүү явсан.
3. Би Солонгос орноор аяла**хаар** ирлээ.
4. Тэд кино үзэ**хээр** кино театр луу явцгаажээ.
5. Ким бизнес хий**хээр** Монгол руу явсан.
6. Бат Солонгосын түүхийг судла**хаар** ирсэн.
7. Тэд ядуу хүмүүст тусла**хаар** иржээ.

8. Тэр хүн хуралд илтгэл тави**хаар** явжээ.

9. Ээж эмнэлэг рүү биеэ үзүүлэ**хээр** явсан.

10. Хүүхдүүд бөмбөг тогло**хоор** гадаа гарсан.

Дасгал 2

1. Би ногоо, жимс **авахаар** дэлгүүр лүү явна.
2. Тэд Москва **орохоор** өглөө онгоцоор нислээ.
3. Бид шалгалтаа сайн **өгөхөөр** эртнээс бэлтгэж эхэлсэн.
4. Дорж Солонгост **суухаар** гэр бүлийнхээ хамт явсан.
5. Тэд музей **үзэхээр** автобусаар явав.
6. Бат гуай биеэ **эмчлүүлэхээр** эмнэлэгт хэвтдэг.
7. Тамирчид тэмцээнд **оролцохоор** Америк руу явлаа.
8. Бат орос хэл **сурахаар** Орос улс руу явсан.
9. Ах номын санд **суухаар** саяхан явсан.
10. Манай ангийнхан хоол **идэхээр** гуанз руу явна.

Дасгал 3

1. Ах хүн тосч авахаар онгоцны буудал руу явсан.
2. Тэр хүн бизнес хийхээр Монгол руу явсан.
3. Дүү ном уншихаар номын сан руу явсан.
4. Тэд цирк үзэхээр олуулаа цугларсан.
5. Эгч хүнтэй уулзахаар гадагшаа гарсан.
6. Утасны карт авахаар шуудан руу явсан.
7. Эмээ биеэ үзүүлэхээр эмнэлэг рүү явсан.
8. Дулмаа шалгалт өгөхөөр сургууль руугаа явсан.
9. Ах компьютер сурахаар дамжаанд бүртгүүлсэн.
10. Өвчтөн зөвлөгөө авахаар эмчийн өрөө рүү орсон.

Дасгал 4

1. Багш нар шалгалт **авахаар** явж байна.
2. Оюун түүнийг гаргаж **өгөхөөр** онгоцны буудал руу явсан.
3. Би энд эгчтэйгээ **уулзахаар** ирсэн.
4. Тамирчид тэмцээнд **бэлдэхээр** явсан.
5. Багш хуралд о**ролцохоор** Монгол руу явсан.
6. Дорж эмчид **үзүүлэхээр** эмнэлэг рүү явсан.
7. Тэд усанд **сэлэхээр** явцгаажээ.
8. Тэр илгээмж **явуулахаар** шуудан руу явсан.
9. Ах талх **авахаар** дэлгүүр лүү явсан.
10. Манай ах багштайгаа **ярихаар** сургууль руу явсан.

Дасгал 5

1. Ерөнхийлөгчийг хүлээн авахаар албаны хүмүүс нисэх онгоцны буудал руу явцгаав.
2. Оньсогыг таахаар хичнээн оролдоод тааж чадсангүй.
3. Таксигаар явахаар их зардал гарах болохоор удаан ч гэсэн автобусаараа л явъя гэж шийджээ.
4. Эм гашуун амттай болохоор хүүхдэд уулгахад хэцүү байлаа.
5. Өвчнөө гүйцэд эдгээхээр эмнэлэгт дахиад хэд хоног хэвтжээ.
6. Дүүг ирэхээр хурдан гарахгүй бол хичээлээсээ хоцрох байлаа.
7. Утсаар ярихаар сумын төвийн шуудан руу явдаг цаг нэгэнт өнгөрчээ.
8. Төгөлдөр хуур заалгахаар нэг багштай уулзлаа.
9. Аав машинаа засуулахаар засварын газар луу явсан.
10. Ах тамхи татахаар гадагшаа гардаг.

АРАВДУГААР ХИЧЭЭЛ

Дасгал 1

1. Намар боло**хлоор** өвс ногоо ганддаг.
2. Шөнө боло**хлоор** тэнгэрт сар гардаг.
3. Зуны амралт эхлэ**хлээр** оюутнууд завтай болдог.
4. Үүр цай**хлаар** гадаа гэрэлтэй болдог.
5. Хонх дуугар**хлаар** хаалгаа нээж өгдөг.
6. Намайг хүнтэй танилца**хлаар** миний нөхөр дургүйцдаг.
7. Биеэ өвдөхлөөр хүмүүс эмчид үзүүлдэг.
8. Тэнгэр дуугара**хлаар** зарим хүн айдаг.
9. Намар боло**хлоор** сургуулиудын хичээл эхэлдэг.
10. Би багшийг хурдан яри**хлаар** ойлгодоггүй.

Дасгал 2

1. Хичээл **тарахлаар** чи гэртээ харих уу, номын санд суух уу?
2. Цагийн сэрүүлэг **дуугарахлаар** чи хурдан босоорой.
3. Намайг самбарт **бичихлээр** та нар дэвтэртээ бичээрэй.
4. Наадам **болохлоор** хурдан морины уралдаан болдог.
5. Харанхуй **болохлоор** хүмүүс гэрлээ асаадаг.
6. Хонх **дуугарахлаар** хичээл завсарладаг.
7. Шалгалт **дуусахлаар** оюутнууд амарна.
8. Өвөл **болохлоор** цас орж, хүйтэн болж, гол мөрөн хөлддөг.
9. Пакийг Монголд **ирэхлээр** би угтаж авна.
10. Шинэ кино **гарахлаар** хүмүүс үзэцгээдэг.

Дасгал 3

1. Батыг ирэхлээр над руу утасдаарай.
2. Энэ архийг уухлаар миний толгой өвддөг.

3. Эрт унтахлаар бие сайхан амардаг.

4. Хичээлийн хонх дуугарахлаар сурагчид завсарладаг.

5. Чамайг монголд ирэхээр би угтаж авна шүү.

6. Нар гарахлаар гадаа дулаан болдог.

7. Малчин айлууд зун болохлоор зусландаа буудаг.

8. Би завтай болохлоороо цагийн ажил олж хийдэг.

9. Шөнө чоно ирэхлээр нохой хуцдаг.

10. Хүүхэд өлсөхлөөрөө уйлдаг.

Дасгал 4

1. Намайг яв**хлаар** хаалгаа түгжээрэй.
   Би ява**хлаараа** чамд хэлнэ.
2. Доржийг дуула**хлаар** хүмүүс анхааралтай сонссон.
   Дорж дуула**хлаараа** нүүр нь улайдаг.
3. Оюутнуудыг хичээлээ ойлго**хлоор** багш нь баярладаг.
   Оюутнууд хичээлээ ойлго**хлоороо** баяртай байдаг.
4. Бат утсаар яри**хлаараа** хоолойгоо засдаг.
   Батыг утсаар яри**хлаар** надад хэлээрэй.
5. Ээж ажлаасаа ирэ**хлээрээ** дүүд чихэр авчирч өгдөг.
   Ээжийг ажлаас ирэ**хлээр** дүү минь баярладаг.
6. Аав гэртээ хари**хлаараа** дүүд утсаар хэлдэг.
   Аавыг гэртээ хари**хлаар** ээж хурдан ирдэг.
7. Хүүхдийг ай**хлаар** тэвэрч хажуудаа байлгаарай.
   Жаахан хүүхдүүд ай**хлаараа** уйлдаг.
8. Түүнийг ажил хийж эхлэ**хлээр** бүгд баярладаг.
   Тэр нэг ажил хийж эхлэ**хлээрээ** өдөржин шөнөжин хийдэг юм.
9. Надаар дамжуулж хэлэ**хлээр** тэр сонсохгүй, өөрт нь шууд хэлээрэй.
   Надаар дамжуулж хэлэ**хлээрээ** энэ утас руу залгаж хэлдэг.
10. Сараа хамт бай**хлаар** гэр дулаахан сайхан байдаг юм.
    Сараа хамт бай**хлаараа** байнга арчиж цэвэрлэж сайхан цэвэрхэн

байдаг даа.

Дасгал 5

1. Машины шатахуун дуусахлаар гэнэт зогсдог тул шатахуунаа байнга шалгаж байх хэрэгтэй.
2. Ширүүн бороо орохлоор газар ус тогтож, гадаа шавар шавхайтай болдог.
3. Зарим хүн өлсөхлөөрөө уурлаж тогоо савны таг авч шиддэг.
4. Хүүхдүүд хичээлээ тарахлаар гадаа тоглоод хаяа гэртээ ирэхээ мартдаг.
5. Би ээжийгээ санахлаараа гандан гарч ном уншуулдаг.
6. Намайг дуудахлаар хаана ч байсан хүрээд ирдэг найздаа баярлаж явдаг.
7. Тэр хүн чоно харахлаараа ихэд билэгшээж бүх зүйл сайн болно гэж боддог.
8. Би мөнгөө дуусахлаар хаашаа ч гарахгүй гэртээ ном уншиж өнгөрөөдөг.
9. Гадаа хүйтрэхлээр хүмүүс бүгд машинаа гаргаж унадаг болохоор зам их түгжирдэг.
10. Хавар дулаарахлаар хүүхдүүд нимгэн хувцаслаад ханиад их хүрдэг.

АРВАН НЭГДҮГЭЭР ХИЧЭЭЛ

Дасгал 1

1. Багшийг ир**вэл** бидэнд хэлээрэй.
2. Чи эрт бос**вол** намайг сэрээгээрэй.
3. Тамхи тат**вал** хүний бие муудна.
4. Ямар гадаад хэл сур**вал** дээр вэ?
5. Чи даарч бай**вал** дулаан хувцас өмс!

6. Цас их ор**вол** бид цанаар гулгана.

7. Чамайг кино үзэхээр яв**бал** би бас явна.

8. Чамайг захиа бич**вэл** ээж чинь баярлана шүү.

9. Батыг жүжиг үз**вэл** би бас хамт үзнэ.

10. Биеийн тамирын дасгал байнга хий**вэл** хүний биед сайн.

Дасгал 2

1. Чи багштай **уулзвал** намайг энд байна гээрэй.
2. Хичээлээ ойлгохгүй **байвал** багшдаа хэлээрэй.
3. Хүн хаалга **цохивол** хаалгаа нээж өгөөрэй.
4. Хүн сайн **ажиллавал** сайхан амьдарч чадна.
5. Надад маргааш орой зав **гарвал** би хөл бөмбөг тоглоно.
6. Энэ өрөө бүгчим **байвал** салхивчаа онгойлгоорой.
7. Аав маргааш Солонгосоос **ирвэл** би түүнийг угтаж авна.
8. Гадаад хэлний ном их **уншивал** олон шинэ үг мэдэж авна.
9. Монгол хүнтэй байнга **яривал** таны ярианы хэл сайжирна.
10. Та олон шинэ үг **тогтоовол** таны үгийн сан баяжна.

Дасгал 3

1. Мөнгө байвал би Америкт очиж сурна.
2. Батын хаягийг мэдвэл надад бичиж өгөөрэй.
3. Байнга усанд сэлбэл хүний эрүүл мэндэд сайн байдаг.
4. Захиралтай уулзвал одоохон очно гээрэй.
5. Дэлгүүр лүү явбал чамд тамхи захья.
6. Чамайг хаягаа өгвөл би чамд захиа бичнэ.
7. Аавыг зөвшөөрвөл би чамд мөнгө зээлүүлнэ.
8. Цас их орвол гадаа их хүйтэн болно.
9. Зав гарвал компьютерийн дамжаанд сурна.
10. Маргааш дулаарвал нимгэн хувцас өмсөнө.

Дасгал 4

1. (яавал?) шалгалтанд А дүн авна.

   Үзсэн хичээлээ сайн давтвал шалгалтанд А дүн авна.

   Үзсэн хичээлээ сайн давтах юм бол шалгалтанд А дүн авна.

2. (яавал?) ханиад хүрдэг.

   Нимгэн хувцас өмсвөл ханиад хүрдэг.

   Нимгэн хувцас өмсдөг бол ханиад хүрдэг.

3. (яавал?) та даарахгүй.

   Дотуур хувцас өмсөж малгай, бээлий, ороолт зүүвэл та даарахгүй.

   Дотуур хувцас өмсөж малгай, бээлий, ороолт зүүдэг бол та даарахгүй.

4. (яавал?) таны бие зүгээр болно.

   Тогтмол энэ дасгалыг өглөө бүр хийвэл таны бие зүгээр болно.

   Тогтмол энэ дасгалыг өглөө бүр хийх юм бол таны бие зүгээр болно.

5. (яавал?) би угтаж авна.

   Таныг Монголд ирвэл би угтаж авна.

   Таныг Монголд ирэх бол би угтаж авна.

6. (яавал?) ус уугаарай.

   Эм их уувал ус уугаарай.

   Эм их ууж байгаа бол ус уугаарай.

7. (яавал?) хоолны хордлого болдог.

   Хадгалах хугацаа нь дууссан хоол хүнс идвэл хоолны хордлого болдог.

   Хадгалах хугацаа нь дууссан хоол хүнс идэх юм бол хоолны хордлого болдог.

8. (яавал?) эмчид үзүүлэх хэрэгтэй.

   Байнга ядраад нойрондоо муу байвал эмчид үзүүлэх хэрэгтэй.

   Байнга ядраад нойрондоо муу байдаг бол эмчид үзүүлэх хэрэгтэй.

9. (яавал?) аав ээж чинь их баярлана.

   Ажлаа сайн хийж сайхан амьдарвал аав ээж чинь их баярлана.

   Ажлаа сайн хийж сайхан амьдрах юм бол аав ээж чинь их баярлана.

10. (яавал?) цагдаа таныг торгоно.

Замын хөдөлгөөний дүрмийг зөрчвөл цагдаа таныг торгоно.

Замын хөдөлгөөний дүрмийг зөрчих юм бол цагдаа таныг торгоно.

Дасгал 5

1. Өвөө эмээдээ туславал өвөө эмээ чинь их баярлана.
2. Бие чинь их өвдөж байвал өнөөдөр ирсэний хэрэггүй дээ.
3. Хичээлээ ойлгохгүй бол манайд хүрээд ир, би заагаад өгье.
4. Нойр чинь хүрч байвал сайхан унтаад ав.
5. Өглөө эрт босвол эрүүл мэндэд тустай.
6. Гадаад улсад аялбал байнга бичиг баримтаа биедээ авч явж байгаарай.
7. Хоолны хордлого болбол ус сайн уугаад хоолоо сойгоорой.
8. Түймэр гарвал хурдан дайжих хэрэгтэй шүү.
9. Гэрт их халуун байвал халаагуураа бага дээр нь тавиарай.
10. Шалгалтандаа сайн бэлтгэвэл сайн үр дүн гардаг.

АРВАН ХОЁРДУГААР ХИЧЭЭЛ

Дасгал 1

1. Түүний бие сайн болсон **болович** ажилдаа ирэхгүй байна.
2. Би монгол хүн **болович** монгол хоол хийж чаддаггүй.
3. Манайх цонхоо **нээсэн ч гэсэн** гэр их халуун байна.
4. Монголд есөн сард цас **ордог ч гэсэн** их хүйтэрдэггүй.
5. Тэр ханиад **хүрсэн ч гэсэн** эм уудаггүй.
6. Зочид маргааш ирэх **болович** тэдэнд байр олоогүй байна.
7. Та нар сургуулиа **төгсөн ч гэсэн** мэдлэг боловсролоо байнга дээшлүүлж байх ёстой.
8. Тэр ажлаа **тарсан ч гэсэн** шууд гэртээ харьдаггүй.
9. Туяа ажил ихтэй **болович** англи хэл сурч байгаа.

10. Ким монголоор сайн уншдаг **болович** ярьж чаддаггүй.

Дасгал 2

1. Би Их дэлгүүрт өнөөдөр **очсон болович** миний авах цув байсангүй.
2. Би Оюунд киноны билет авч **өгсөн болович** Оюун тэр киног үзсэнгүй.
3. Бат өдрийн хоолоо голдуу гуанзанд **иддэг болович** өнөөдөр ажил дээрээ хачиртай талх идсэн.
4. Би тэр хүнийг “суу” гэж **хэлсэн болович** тэр хүн суусангүй.
5. Миний толгой их өвдөж **байсан болович** би ажилдаа явсан.
6. Аав шөнө их орой **унтсан болович** өглөө их эрт боссон.
7. Би энэ номыг уншиж **дууссан болович** би сайн ойлгосонгүй.
8. Би түүнд энэ тухай **ярьсан болович** тэр анхаараагүй.
9. Бат завтай **байсан болович** бидэнтэй аяллаар явсангүй.
10. Би түүнтэй **мэндэлсэн болович** тэр надтай мэндлээгүй.
11. Би түүний гэрийг сайн **заалгасан болович** би эрээд олсонгүй.
12. Манай хичээл 9 цагт **эхэлдэг болович** өнөөдөр 11 цагт эхэлсэн.

Дасгал 3

1. Өчигдөр бороо их орсон болович голын усны төвшин нэмэгдээгүй байна.
2. Энэ хот олон хүнтэй болович нийтийн тээврийн үйлчилгээ сайтай.
3. Тэр хүн уншаад сайн ойлгодог болович бичиж чаддаггүй.
4. Манай байр их үнэтэй болович өвөл хүйтэн байдаг.
5. Бат ажлаа сайн хийдэг ч гэсэн бага цалин авдаг.
6. Манай захирал залуу хүн болович ажлаа сайн хийдэг.
7. Гадаа нартай болович сэрүүхэн байна.
8. Би дуулах дуртай болович сайн дуулж чаддаггүй.
9. Намар модны навч шарладаг болович их хүйтэрдэггүй.
10. Ээж биднийг загнадаг ч гэсэн сэтгэлдээ хайрладаг.

Дасгал 4

1. **Хичээлээ сайн давтсан боловч “А” авлаа.**
2. Сулхан ярьсан ч гэсэн бүгд сонсчээ.
3. Зурагтад ойрхон сууж үздэг байсан ч хараа нь мууджээ.
4. Тэр оюутан даалгавраа хийгээгүй боловч хичээлдээ иржээ.
5. **Гадаа нартай ч гэсэн дулаан байна.**
6. Би их өлссөн боловч хоол идэх зав гарсангүй.
7. **Түүний бие хаая өвддөг боловч эмчид үзүүлдэг.**
8. Онгоцоор явах сайхан байдаг ч гэсэн билет нь их үнэтэй.
9. **Бат их орой унтсан ч гэсэн өглөө их орой боссон.**
10. Тэр даалгавраа сайн хийсэн боловч гэртээ дэвтэрээ мартжээ.

Дасгал 5

1. Чихэр амттай боловч шүдэнд муу.
2. Гадаа нартай ч гэсэн сэрүүхэн байна.
3. Тэр архи их уудаг ч гэсэн агсан согтуу тавьдаггүй.
4. Түүний утас дуугарсан боловч тэр авсангүй.
5. Бат их туранхай боловч хоол сайн иддэг.
6. Оюун шөнө их орой унтдаг боловч өглөө эрт босдог.
7. Дорж англи хэлний анги төгссөн боловч англиар ярьж чаддаггүй.
8. Тэр их уурладаг ч гэсэн сэтгэл нь цагаан.
9. Найз минь надад энэ тухай яриагүй боловч би өөр хүнээс сонсчихлоо.
10. Түүний бие нь муу байгаа боловч сэтгэл санаагаар өөдрөг байна.

АРВАН ГУРАВДУГААР ХИЧЭЭЛ

Дасгал 1

1. Утас дуугара**нгуут** би очиж авсан.
2. Багшийг ангид орж ирэ**нгүүт** оюутнууд чимээгүй болов.
3. Тэднийг хаалгаар гара**нгуут** автобус ирэв.
4. Хичээл дууса**нгуут** хоёулаа номын сан руу явъя.
5. Чамайг хэлэ**нгүүт** би таамагласан.
6. Таныг утсаар яри**нгуут** ээж баярласан.
7. Дэлгүүр онгой**нгуут** орж идэх уух юм авна.
8. Багшийг тайлбарлаж эхлэ**нгүүт** би ойлгосон.
9. Цай буцла**нгуут** би сүү хийсэн.
10. Би Сарнайн утасны дугаарыг мэдэ**нгүүт** чамд хэлье.

Дасгал 2

1. Ширүүн бороо **зогсонгуут** хүмүүс гадагшаа гарцгаасан.
2. Гадаа дулаан **болонгуут** хүмүүс хувцсаа нимгэлдэг.
3. Аавыг ажилдаа **явангуут** ээж ажлаасаа ирсэн.
4. Бат найзаасаа захиа **авангуутаа** хариу захиа бичсэн.
5. Ээж намайг **сэрээнгүүт** би босдог.
6. Багшийг удаан **ярингуут** би ойлгосон.
7. Хүү аавыгаа **харангуутаа** гүйж очсон.
8. Багш ангид орж **ирэнгүүтээ** оюутнуудаа бүртгэдэг.
9. Хичээл **тарангуут** хоёулаа уулзъя.
10. Намайг англи хэл үзэж **эхлэнгүүт** Бат бас үзэж эхлэв.

Дасгал 3

1. Намайг морь унангуут **хүүхдүүд инээлдсэн.**

   Би морь унангуутаа **худаг руу давхисан.**

2. Биднийг автобусанд суунгуут **автобус хөдөлсөн.**

Би автобусанд суунгуутаа **зүүрмэглэж эхэлсэн.**

3. Багшийг самбарт бичингүүт **бид дэвтэртээ бичиж эхэлсэн.**

Багш самбарт бичингүүтээ **биднийг бич гэж хэлсэн.**

4. Доржийг Солонгосоос очингуут **эхнэр хүүхэд нь угтаж авсан.**

Дорж Солонгосоос очингуутаа **аав ээжтэйгээ уулзахаар Сүхбаатар аймаг руу явсан.**

5. Ээжийг хоол хийнгүүт **аав орж ирсэн.**

Ээж хоол хийнгүүтээ **бидэнд аягалсан.**

6. Түүнийг оюутан болонгуут **гэр нь хөдөөнөөс хот руу нүүсэн.**

Тэр оюутан болонгуутаа **номын санд карт нээлгэсэн.**

7. Соёныг Монголд ирэнгүүт **найз нь угтаж авсан.**

Соён Монголд ирэнгүүтээ **гадаадын оюутнуудын байранд орсон.**

8. Багшийг ангид орж ирэнгүүт **оюутнууд мэндэлдэг.**

Багш ангид орж ирэнгүүтээ **оюутнуудтай мэндэлдэг.**

9. Намайг англи хэл сурч эхлэнгүүт **миний дүү бас сурч эхэлсэн.**

Би англи хэл сурч эхлэнгүүтээ **англи кино үздэг болсон.**

10. Батбаярыг гарангуут **Сарнай орж ирсэн.**

Батбаяр гарангуутаа **хаалга хаасан.**

Дасгал 4

1. Улаан гэрэл асмагц тээврийн хэрэгслүүд явдаг.
2. Хичээлээ тармагц гэртээ хурдан харьарай.
3. Гэрэл унтармагц кино гарч эхэлсэн.
4. Намайг хармагц тэр хүн цаашаа харсан.
5. Гадаа дулаармагц нимгэн хувцсаа өмсөөрэй.
6. Чи цалингаа авмагцаа ээждээ өгөөрэй.
7. Ээжийгээ явмагц тэр хүүхэд гадаа гарч тоглосон.
8. Биднийг автобусанд суумагц автобус хөдөлсөн.
9. Манай зуны амралт эхэлмэгц би нутагтаа очиж амарна.

10. Өглөө үүр цаймагц шувууд жиргэдэг.

Дасгал 5

1. Аав ажлаасаа ирмэгцээ усанд ордог
   Аавыг ажлаас ирмэгц ээж хоол хийж өгдөг.
2. Дүү хичээлдээ явмагцаа баяртай гэж хэлдэг.
   Дүүг хичээлдээ явмагц би ажилдаа явдаг.
3. Би Монголд очмогцоо Баттай утсаар ярьдаг.
   Намайг Монголд очмогц Бат намайг хоолонд урьдаг.
4. Би түүнтэй уулзмагцаа бэлэг өгсөн.
   Намайг түүнтэй уулзмагц манай эхнэр утасдсан.
5. Бат эмч болмогцоо хөдөө ажиллахаар явсан.
   Батыг эмч болмогц ээж нь баяр хүргэсэн.
6. Хүүхэд төрмөгцөө чанга уйлдаг.
   Эх нь хүүхдээ төрмөгц маш их баярладаг.
7. Захирал илтгэлээ тавьж дуусмагцаа “Анхаарал тавьсанд баярлалаа” гэж хэлэв.
   Захирлыг илтгэлээ тавьж дуусмагц танхим дүүрэн хүн нижгэнэтэл алга ташив.
8. Тэр замдаа зогсмогцоо дэлгүүрээр орж баахан идэж уух юм авав.
   Түүнийг замдаа зогсмогц машиных нь дугуй хагарав.
9. Тэмээний ноосон оймсоо өмсмөгцөө тэмээний ноосон өмдөө ч бас өмслөө.
   Тэмээний ноосон оймсоо өмсмөгц хөл дулаацдаг.
10. Аян замдаа гармагцаа хийдээр дайраад явах санаатай.
    Аян замд гармагц аадар бороо орж бид их сандарлаа.

АРВАН ДӨРӨВДҮГЭЭР ХИЧЭЭЛ

Дасгал 1

1. Манай хичээл өглөө 9 цагаас орой 5 цаг хүр**тэл** үргэлжилдэг.
2. Би шөнө бол**тол** хичээлээ давтдаг.
3. Кино эхэл**тэл** хүмүүс хоорондоо ярьцгааж байв.
4. Тэд багшийг ир**тэл** хүлээсэн.
5. Зуны амралт бол**тол** 3 сарын хугацаа байна.
6. Энэ долоо хоногийг дуус**тал** тэд Монголд байна.
7. Хүүхдүүдээ унт**тал** ээж нь унтсангүй.
8. "Ажил хийвэл дуус**тал**, давс хийвэл уус**тал**" гэдэг цэцэн үг байдаг.
9. Монголоос Солонгос хүр**тэл** онгоц хэдэн цаг нисдэг вэ?
10. Чи намайг ир**тэл** миний хүүхдийг харж байгаарай.

Дасгал 2

1. Ээжийг ажлаасаа **иртэл** та хүлээж байгаарай.
2. Би монголоор сайн ярьдаг **болтлоо** монгол хэл сурна.
3. Номын сан **хаатал** бид тэнд ном уншиж байсан.
4. Манай хичээл **эхэлтэл** бид аяллаар явна.
5. Чамайг хичээлээсээ **иртэл** би номын санд сууж байя.
6. Хонх **дуугартал** хичээл завсарладаггүй.
7. Шөнө **болтол** хүүхдүүд гадаа тоглосон.
8. Эмчийг **зөвшөөртөл** ажилдаа битгий яваарай.
9. Биднийг гадаа **гартал** бороо орж эхэлсэн.
10. Чамайг гэрийн даалгавраа хийж **дуустал** би кино үзэж байя.

Дасгал 3

1. Оюутнууд хичээл эхэлтэл дадлага хийсэн.

2. Би даалгавраа хийж дуустал гадаа тоглохгүй.

3. Би чамайг иртэл танай гадаа хүлээнэ шүү!

4. Би 2020 он хүртэл Солонгост ажиллана.

5. Би визаа гартал онгоцны билет захиалахгүй.

6. Өвөл болтол манайх намаржаандаа байна.

7. Би биеэ эдгэртэл тууштай эмчлүүлнэ.

8. Тэд эмчийг иртэл эмнэлэг дээр хүлээсэн.

9. Аадар бороо зогстол онгоц нисэхгүй.

10. Галт тэрэг хөдөлтөл бид буудал дээр байсан.

Дасгал 4

1. Намайг **явтал** манайд хэн ч ирээгүй.
   Би **явтлаа** зочид буудалд байрлана.
2. Кимийг Монголоос **иртэл** эхнэр хүүхэд нь Америкт байсан.
   Ким Монголоос **иртлээ** шинэ төсөл дээр ажилласан.
3. Батыг сайн ярьж **суртал** солонгос найз нь тусалсан.
   Бат сайн ярьж **суртлаа** уйгагүй хичээллэсэн.
4. Намайг гадаа **гартал** цас орж эхэлсэн.
   Би гадаа **гартлаа** гэрийн даалгавраа хийсэн.
5. Оюуныг сургуулиа **төгстөл** аав ээж нь хотод байсан.
   Оюун сургуулиа **төгстөлөө** ахындаа амьдарсан.
6. Батыг гэрийн даалгавраа хийж **дуустал** дүү нь түүний өрөөнд ороогүй.
   Бат гэрийн даалгавраа хийж **дуустлаа** өрөөнөөсөө гараагүй.
7. Хоол **хийтэл** зочны өрөөнд суугаад зурагт үзэж байгаарай.
   Хоол **хийтлээ** энэ дууг сонсоод сэтгэгдэлээ хэлээрэй.
8. Тэр төгөлдөр хуур сайн **дартал** бүгд түүнд баяр хүргэв.
   Төгөлдөр хуурыг сайн **дартлаа** энд сууж хичээллэх болно.
9. Гэрлээ орой болтол надтай байж миний ажилд тусаллаа.
   Тэр кино үзэх **болтлоо** ажил дээрээ сууж ажлаа хийв.

10. Ээж хуушуур хайрч **дуустал** ах найз нартайгаа орж ирсэн.

Ээж хуушуураа хайрч **дуустлаа** гал зуухны өрөөнөөс гарсангүй.

Дасгал 5

1. Би хоолоо цадталаа идсэн.
2. Ээжийг гал түлтэл гэр их хүйтэн байсан.
3. Намайг гэрээ цэвэрлэтэл түр гадаа байгаарай.
4. Энэ савыг дүүртэл ус хийгээрэй.
5. Намайг гэрээсээ гартал гадаа бороо орж байв .
6. Хонх дугартал ангиас гарч болохгүй юу?
7. Хоол болтол энэ аяга, таваг, халбага, сэрээг угаа.
8. Би ээжийгээ иртэл унтахгүй хүлээнэ.
9. Цалин буутал мөнгөө хүргэх хэрэгтэй.
10. Бид хичээл эхэлтэл даалгавраа хийсэн.

АРВАН ТАВДУГААР ХИЧЭЭЛ

Дасгал 1

1. Чи дэлгүүрээс юм ава**нгаа** надад сүү аваад ирээрэй.
2. Чи шуудан оро**нгоо** энэ захиаг явуулчих.
3. Тэр хоёр хүн шатар тогло**нгоо** кофе ууж байна.
4. Тэр оюутан ном унши**нгаа** мэдэхгүй үгээ толиноос харж авч байна.
5. Ким монгол хэл сура**нгаа**, морин хуур хөгжим сурчээ.
6. Тэр Монгол Улсын Их Сургуульд сура**нгаа** солонгос хэл зааж байв.
7. Чи гадаа гара**нгаа** надад тамхи аваад ирээрэй.
8. Би автобус хүлээ**нгээ** сонин гарчигладаг юм.
9. Ээж зурагт үзэ**нгээ** заримдаа юм нэхдэг.
10. Хүүхэд хара**нгаа** өдөрт интернетээр түр зуур мэдээ үздэг.

Дасгал 2

1. Тэр хүн зурагт **үзэнгээ** юм идэж байсан.
2. Малчид малаа **хариулангаа** олон юм хийдэг.
3. Хоёулаа пиво **уунгаа** тэр тухай ярилцъя.
4. Би энэ дууг **сурангаа** үгийг нь цээжилнэ.
5. Бат Оюун хоёр салхинд **гарангаа** тэр дэлгүүрт очих байх.
6. Тэр охин ном **уншингаа** тэмдэглэж авах дуртай.
7. За, хоёулаа тийшээ **явангаа** энэ тухай ярья.
8. Би шуудан руу **очингоо** чиний илгээмжийг аваад ирье.
9. Солонгос руу явж **эмчлүүлэнгээ** жаахан амраад авах бодолтой байна.
10. Хуралд **оролцонгоо** тэр газрын хэд хэдэн сургуулиар орж танилцах хэрэг байна.

Дасгал 3

1. Би тэр хүнтэй **танилцангаа** түүний нэрийн хуудсыг авна.
2. Бат Солонгост **ирэнгээ** найз нартайгаа уулзсан.
3. Ээж хоол **хийнгээ** бас цай чанадаг.
4. Аав захиа **бичингээ** утсаар ярьж байна.
5. Чи **босонгоо** аягыг минь аваад өгөөч.
6. Бид амралтын өдөр хотоор **зугаалангаа** хотын зургийг авна.
7. Би түүнийг **харангаа** түүнтэй мэндэлсэн.
8. Зарим хүн юм бичингээ хүнтэй ярьдаг.
9. Тэр хөгжим **сонсонгоо** компьютер дээр ажлаа хийдэг.
10. Пак хоолоо **идэнгээ** заавал ямар нэгэн юм өмнөө тавьж уншиж байдаг.

Дасгал 4

1. Хүүхдүүд хоолоо идэнгээ хүүхэлдэйн кино үзэх дуртай.
2. Тэр эмэгтэй юм угаангаа дуу аялдаг.
3. Хулгайч, цагдааг харангаа юмны араар нуугдсан.

4. Оюун усанд сэлэнгээ дасгал хийдэг.

5. Би цай ууж суунгаа хүнтэй ярих дуртай.

6. Бат ном уншингаа шинэ үгээ толиноос хардаг.

7. Тэр эмэгтэй хүүхдээ салхинд гаргангаа юм нэхэж байна.

8. Би гадаадад аялангаа бүтээлийнхээ үзэсгэлэнг гаргана.

9. Чи шуудангаар оронгоо надад хэдэн марк, дугтуй аваад ирээрэй.

10. Би радио сонсонгоо гэрээ цэвэрлэх дуртай.

Дасгал 5

1. Эмэгтэйчүүд зурагт үзэнгээ амттай хоол хийж чаддаг.

2. Хүүхэд төрүүлж өсгөнгөө их сургуульд сурах хэцүү.

3. Сонгодог хөгжим сонсонгоо юм бодоход үр дүнтэй байдгийг нотолжээ.

4. Тэр залуу өглөө бүр гарч гүйнгээ сонин тараадаг цагийн ажил хийдэг.

5. Уран нугараач охид нугарангаа инээмсэглэж байдаг.

6. Эмнэлэгт хэвтэнгээ тэр хүн ном орчуулжээ.

7. Би гадаадад сурангаа ажил хийж мөнгө олъё гэж бодсон юм.

8. Малчин хүүхдүүд малаа хариулангаа байгалиас шинэ юм мэдэж авдаг.

9. Завтай үедээ гадаа сууж халуун шоколад уунгаа орчин тойрноо ажиглах сайхан.

10. Зарим хүүхдүүд гэрийн даалгавраа хийнгээ компьютер тоглоом тоглодог.

Дасгал 6

1. Автобус ирэнгүүт хүмүүс сууцгаасан.

2. Түүнийг дуудангуут тэр эргэж харсан.

3. Нохой хуцангуут гэрээс хүн гарч ирсэн.

4. Хүүгээ ирэнгүүт ээж нь тэврэч үнссэн.

5. Таныг явангуут нэг хүн тантай ярья гэсэн.

6. Ээжийгээ харангуут охин гүйж ирсэн.

7. Надтай уулзангуутаа түүний нүүр улайсан.

8. Би И-мэйл авангуутаа хариу бичдэг.

9. Өвөө зүрхээ өвдөнгүүт эмчид даруй үзүүлдэг.

10. Намайг хаалга цохингуут дүү тайлж өгсөн.

Дасгал 7

1. Багшийг ангид орж ирэнгүүт оюутнууд боссон.

2. Багш ангид орж ирэнгүүтээ,намайг дуудсан.

3. Багш ангиас гарангуутаа надтай ярилцсан.

4. Багшийг ангиас гарангуут Бат намайг дуудна.

5. Би театрт очингоо Сарнайтай ярилцсан.

6. Би Эрдэнэбаярыг харангуутаа таньсан.

7. Намайг Эрдэнэбаяртай уулзангуут тэр хүн гараад явсан.

8. Тэр хүн ном уншингаа мэдэхгүй үгээ толиноос харж байсан.

9. Би тэр хүнийг ярьж эхлэнгүүт юу ярих гэж байгаагий нь мэдсэн.

10. Оюун Солонгост ирэнгүүтээ надтай утсаар ярьсан.

Хавсралт 2

Монгол-Солонгос үг хэллэг

А

авдар 대형상자, 궤

авир 성격

агаар 공기

адаг 끝

аажим 점차, 차차

ажилсаг 부지런하

айл 집, 가구

айх 겁먹다, 무섭다

алаглах(цэцэг) 만발하다

алс 멀리, 먼

алхайж хэвтэх 하는 일 없이 누워있다

аль аль нь 어느 쪽이든 모두

ам алдах 말로 약속하다

ам цангах 갈증이 나다

амжих 맞추다

аминд тулах 생사가 달린

Антарктид 남극

анхааралтай 주의 있게

анхааруулах 주의를 주다

арвилах 절약하다

арвин 풍부한

аргал түүх 말린 소똥을 줍다

ард түмэн 국민

арилах 지워지다

ариун 성스러운

археологи 고고학

архирах 으르렁거리다

асаах 켜다

асгах 쏟다

ахуй 살림, 업

ачаа 짐

ааш зан 성질, 성격, 성품

аягалах 잔에 따르다, 뜨다

аялгуу 멜로디

Б

баатар 영웅

баг 팀

багасах 줄어들다

багцлах 다발로 묶다

багын найз 어릴 적 친구

байгаль 자연

байгалийн гамшиг 자연재해

байрлах 위치하다, 묵다

байрны мөнгө төлөх 방세를 내다

барагдах 고갈되다, 떨어지다

барилгачин 건축가

баярт мэдээ 기쁜 소식

бие 몸

биеийн тамирын дасгал 운동

биеэ үзүүлэх 진찰받다

бизнес хийх 사업하다

бодлогошрох 생각에 잠기다

бодон суух 생각을 하다

бойжуулах 키우다

болгоомжлох 조심하다

болзоо 약속, 데이트

боловсролтой 교육받은, 지적인

боловсруулах 가공하다

босго 문턱

босгох 일으키다

бөгж 반지

бөх 견고한

булаг 샘

булан 구석

бууз 고기만두, 보즈

буцах 돌아가다

бүгчим 더운

бүдүүн 뚱뚱하다, 두껍다

бүжгэн жүжиг 발레공연

бүлээн 미지근한

бүртгэх 등록하다

бүрэлдэхүүн 구성원

бүс 허리띠, 지역

бүсгүй 아가씨

бүтэх 일이 잘 풀리다

бүтээл 작품

бэлчээр 방목지

бэр 며느리

Г

гаднаа 외부, 외형

гадуур хувцас 외투

газар хөдлөх 지진

газрын хөрс 지표면, 토양

гайхамшигтай 주목할 만한, 경이로운

гайхуулах 자랑하다

гал зуух 부엌

гал шаргал 불 빛을 띠는

галт тэрэг 기차

гамнах 아껴쓰다

ганганах 울다, 지저귀다
гандах 바래다
гар барих 악수하다
гарамгай 뛰어나다
гаргаж өгөх 마중나가다
гарчиглах (신문, 잡지) 빠르게 훑다, 빠르게 읽다
гашуун 신맛
Герман 독일
гол мөрөн 강
гонзгой 타원형
горхи 시냇물
гөвөх 털다
гудамж 거리
гурвалжин 세모
гутах 실망하다
гүрвэл 도마뱀
гүрийх 부풀다
гүү унагалах 말이 망아지를 낳다

Д

даарах 춥다, 춥게 느끼다
даашинз 드레스
дадлага 실습
далайх 팔을 올리다
дамжаанд бүртгүүлэх 학원에 등록하다
дарагдах 눌리다
догдлох 들뜨다
донгодох 울다, 지저귀다
доодос 하층계급
дохио өгөх 신호를 주다
дөнгөж 겨우
дөрвөлжин 네모난
драмын жүжиг 연극
дулаарах 따뜻해지다
дурсгалт газар 유적지
дусал 방울
дуулгах 듣게 하다, 전해주다
дүрс 모양, 형태
дүрслэх урлаг 미술
дүүргэх 채우다
дэгдэх 껑충껑충 뛰다
дэлгэрэх 피다
дэлхийн аварга 세계챔피언
дэлхийн бөмбөрцөг 지구
дэмжих 격려하다, 지지하다
дээвэр 지붕
дээшлүүлэх 올리다
дээшлэх 올라가다

Е

ертөнц 세상

Ё

ёс заншил 풍습

Ж

жаргалтай 행복하다
жигнэх 찌다
жийх 다리를 펴다
жимс 과일

жин 무게
жирэлзэн урсах 길게 늘어져 흐르다
жуулчлах 여행하다

З

загас барих, загасчлах 낚시하다, 물고기 잡다
загасчин 어부
задгай энгэртэй 오픈식, 앞이 깊이 파인 셔츠
залуужих 젊어지다
зам түгжрэх 길이 막히다
зам хөндлөн гарах 길 건너다
замын хөдөлгөөн 도로 교통
зарах 팔다
зарлах 알리다, 방송하다
засах 고치다
засварчин 수리꾼
захиалах 예약, 주문
захиалга өгөх 주문하다, 예약하다
захих 당부
захлах 가장 자리를 감싸다
зоогийн газар 레스토랑
зооглох 잡수시다, 진지 드시다
зоос 동전
зориг 용기
зорилго 목적
зорчигч 승객
зочид буудал 호텔
зочин 손님
зөвлөгөө 자문, 충고
зөвлөлдөх 의논 논의
зөвшөөрөх 동의하다, 허락하다
зөгийн бал 벌꿀
зугаа 즐거움, 재미, 놀이
зугтаах 도망치다
зуд болох 혹한
зул сарын баяр 성탄절
зураг авахуулах 사진 찍다
зурагтын мэдээ TV뉴스
зургийн цомог 사진첩
зуруулах 그리게 하다
зуслан 여름별장, 여름지
зүг 쪽, 편
зүй зохистой 적합한, 도리에 맞는
зүйрлэшгүй 비교할 수 없는
зүрх 심장
зүү 바늘
зүүрмэглэх 선 잠들다, 졸다
зүүх 쓰다, 끼다
зэрлэг 야생
зээ охин 외손녀
зээлүүлэх 빌려주다

И

ижилгүй 유일무이
илгээмж 소포
илтгэл тавих 발표하다
ингэ 암낙타
ингэний хоормог 낙타 발효유

индүүдэх 다림질하다
инженер 기술자
интернэт 인터넷
инээдтэй 웃긴
инээмсэглэх 미소 짓다
инээх 웃다
ирвэс 표범
ирц бүртгэх 출석 부르다
исгэлэн 쉰, 신맛
исгэрэх 울리다, 휘파람 불다
итгэх 믿다
их дэлгүүр 백화점
ичих (амьтад) 동면에 들어가다

К

Канад 캐나다
карт 카드
компьютерийн тоглоом 컴퓨터게임
кофе 커피

Л

лекц 강의
ломбодох 이를 때우다

М

маань унших 불경을 외우다
магадгүй 아마, -일지도
магтан дуулах 찬양하다
магтах 찬양하다
магтуулах 칭찬받다
майлах 울다/양이나 염소/
мал төллөх 가축이 새끼를 낳다
маллах 가축을 키우다, 기르다
манлай 으뜸, 선두
манхан 언덕
мартах дөхөх/шахах 잊어버릴 뻔하다
маяг 양식, 형태, 스타일
метро 지하철
могой 뱀
морин хуур 마두금
морь уралдах 말 경주를 하다
Москва 모스크바
мохоо 뭉툭한, 무딘
мөнх цаст уул 만년설
мөргөх 부딪히다, 기도하다
мөрөөдөх 꿈꾸다
мууҗрах 기절하다, 의식을 잃다
мэдэх 알다
мэдээлэл 정보
мэндлэх 인사하다
мэргэжил 직업
мяралзан урсах 길게 흐르다

Н

наадах 놀다, 게임하다
навч 잎
намаржаа 가을 유영지
нар гарах 해가 뜨다
наранд шарагдах 햇빛에 그을리다
нарийн 섬세한, 자세한

нарлах 햇빛 쬐다, 일광욕
нийслэл хот 수도
нийтийн тээвэр 대중교통
нимбэг 레몬
нимгэлэх 얇게 하다
нисдэг тэрэг 헬리콥터
ногоо тарих 야채 심다
ноосон 직물, 모로 만든
нөмөртэй 바람이 덜 불어오는 곳
нөөц 비축, 저장
нөөцлөх 비축하다
нөхөрлөх 벗삼다, 우정
нуруу 허리, 산맥
нуур 호수
нүдний шил 안경
нүүдлийн шувуу 철새
нүүдэллэн амьдрах 유목생활
нүүдэлчин 유목민
нүүр улайх 얼굴이 빨개지다
нүүрээ барах 체면을 잃다, 면목이 없다
нүхлэх 구멍을 내다
нэмэх 더하다, 추가하다
нэрийн хуудас 명함
нэрлэх -라고 부르다.
нэхэх 조르다, 짜다
нээх 열다
нягтлан 회계원
нялх хүүхэд 갓난아기, 영아
нялхас 유/영아들

О

огтлох 자르다
од түгэх 별이 뜨다
ойлгох 이해하다
ойртох 다가가다
олдох 찾다
олигтой 쓸만한, 제대로
олох 찾다
олшрох 찾은, 많아지다
оройтох 늦다
ороо хураах 침대를 정리하다
Орос 러시아
отор 야영

Ө

өвс ногоо 풀
өвчтөн 환자
өд 깃털
өдөржин 온종일, 하루종일
өлгий 요람
өлгийдүүлэх 포대기에 감싸이다
өлсөх 고프다
өмнө 남쪽, 앞
өмхий 악취 나는
өмч 소유, 자산
өөд 위, 위쪽으로
өөрчлөгдөх 바뀌다
өөх 비계, 지방
өрөөсөн 짝짝이
өсөх 자라다

П

паспорт 여권

пиво (шар айраг) 맥주

С

саатуулах 방해하다

сав 통, 용기

савлах 포장하다

савтай ус 통에 담긴 물

саглагар 이리저리 뻗은, 갈라진

сайжрах 좋아지다, 호전되다

салхивч 통풍기, 환풍기

салхилах, салхинд гарах 바람 쐬다

санаа зовох 걱정하다

санаанд орох 생각이 나다

санах 기억하다, 보고 싶어 하다

сандаал 굽 있는 구두

сандрах 놀라다, 긴장하다

сансар 우주

сансрын нисгэгч 우주비행사

саравч 외양간

Сахарын цөл 사막

сийрсэн малгай 밀짚모자

солонго татах 무지개가 뜨다

сонгодог 클래식

сонгох 선택하다

сонгуулийн тойрог 선거지구

сонирхуулах 구경시키다

сувд 진주

сум 화살

сураглах 알아보다, 소식을 묻다

сургаал 가르침

сургалтын төлбөр төлөх 등록금 내다

сургах 조련하다, 가르치다

суудал тавьж өгөх 자리를 양보하다

сүйрэх 붕괴하다

сүүлэх 우유 등을 첨가하다

сүрхий 제법

сүх 도끼

сэгсгэр 산발

сэдэв 주제

сэлэх 수영하다

сэргэх 살아나다, 깨어나다

сэрүүлэг дуугарах 알람이 울리다

сэрээх 깨우다

сэтгүүлч 기자

сэтгэл хангалуун 만족스럽다

Т

таамаглах 추측하다, 짐작하다

таарах 맞다

таван хошуу мал 오축

тавих (оршуулах) 묘지에 안치하다

таглах 막다

тайвшруулах 위로하다

тайга 우거진 숲

тайз 무대

тайлан гаргах 보고서 내다

тайлбарлах 설명하다

тайлж унших 독해, 해독하다

тамгалах 도장을 찍다
тамхи татах 담배 피다
танил 낯익은
таних 알다, 낯익은
танхим 홀
тариа 농산물
тариачин 농민
тасрах 끊어지다
тахлах 편자를 박다
театр 극장
тийшээ 그쪽으로
товчхон 간략한
тоглоомын талбай 놀이터
тогооч 요리사
тогос 공작새
толиноос харах 사전에서보다
томилолт 출장
тоолох 수를 세다
тооцоо 계산
торгомсог 비단결 같은
тосгон 마을
тостой 기름진
тохилог 평안한, 안락
тохиромжгүй 부적합한
тохирох 합의, 결정
төлөвлөх 기획하다
төмөр зам 철도
төөрөх 길을 잃다
төрсөн өдөр 생일
төсөл 프로젝트
туранх эм 다이어트 약
туранхайдуу 마른 편
турах 살빠지다
тус нэмэр 도움
туслуулах 도움을 받다
туулай 토끼
туурь 유적
тууштай 지속적으로
түвшин 기준, 레벨
түлэх 태우다
түрийвч 지갑
түрүүлэх 우승하다
түүхч 역사학자
тэврэх 안다
тэгш 평평한, 직선
тэмдэглэх 기록하다, 표시하다
тэмүүлэх 향하다, 지향하다
тэмцээнд оролцох 경기에 참여하다
тэнгэр дуугарах 천둥 치다
тэнцэх 합격하다
тэтгэвэрт гарах 정년 퇴임하다
тэшүүр 스케이트

У

ув улаан 새빨간
угсаатны зүйч 민속학자
угтах 마중하다
угтуулан бодох 미리 생각하다
удам 혈통
ул 바닥, 깔창

уламжлан авах 이어받다,

улангасах 빠져들다

улиас 포플러

улирал 계절

улсын шалгалт 국가시험

үндрах 분출하다

унтрах 꺼지다

урагшлах 전진하다

уралдах 경주하다

ургац 작물

ургац хураах 수확하다

урих 초대하다

урлагийн хүн 예술가

урсан одох 흘러가다

урт наслах 장수하다

уруудах 내려가다

усан онгоц 배

усан үзэм 포도

усны шувуу 물새

утас дуугарах 전화가 울리다

утасны дугаар 전화번호

утасны карт 전화카드

уулын бэл 산언저리

уурлах 화내다

уусах 녹다

ухаантай 똑똑하다

учрыг нь олох 연유를 찾다, 풀다

Ү

үгийн сан 어휘

үгүйлэх 그리워하다

үеийн 시기의, 당대의

үер болох 홍수나다

үзмэр 전시물

үзэгчид 관객들

үзэсгэлэн гаргах 전시회 하다

үйлдвэр 공장

үйлчилгээ 서비스

үйлчлэх 서비스를 제공하다

үлгэрлэн дуурайх 모범 삼아

үлдээх 남기다

үнэр 냄새

үнэхээр 정말로

үнээ саах 소젖 짜다

үнээ тугаллах 소가 송아지를 낳다

үр 후손, 씨앗

үр хойч 후손

үргэлжлэх 계속되다

үс засуулах 머리 자르다, 이발하다

үсрэх 뛰다

үүнээс гадна 그 이외에도

үүр цайх 동이 트다

үүсэх 생기다

үхэр тэрэг 소달구지

Ф

фирмийн хувцас 브랜드 의류, 명품

Франц 프랑스

Х

хаалга цохих 문을 두드리다

хаалганы хонх 도어벨

хаваржаа 봄 유영지

хаваржих 봄을 지내다

хазгай 기울인

халиурах 바람에 날리다

хамтдаа 함께

ханах 충족되다, 채워지다

ханиад хүрэх 감기걸리다

ханилах 결혼하다, 동반하다

харааны шил 안경

харайх 뛰다

харанхуй 어두운

харвах 쏘다

хариу (дасгалын) 답(연습 문제)

харь гариг 외계

харьцах 대하다

Хасагууд (Казакууд) 카자흐족

хачиртай талх 샌드위치

хашаа 울타리

хашаа саравч 울타리, 외양간

хаяг 주소

хийд 사원

хийлгэх 하게 하다, 일을 시키다

хичээх 노력하다

ховлох 이르다

ховор 귀한

хожигдох 지다

хожих 이기다

хойш 이후

холих 섞다

хонох 묶다

хонь хургалах 양이 새끼를 낳다

хоолойгоо засах 헛기침하다

хорлол 독, 악

хорогдолгүй 손해 없이

хорогдох 줄어들다

хороох 줄이다

хос 커플, 쌍

хослол 양복, 정장

хөвгүүн 소년, 남자아이

хөвөх 뜨다

хөвч 산림

хөгжил дэвшил 발전진척

хөгжөөн дэмжигч 응원가

хөгшрөх 노화되다

хөдөлмөр 노동

хөдөө 시골

хөлд орох 걸음마를 떼다

хөлдөх 얼다

хөнгөрөх 가벼워지다

хөндий 골짜기

хөнжил 이불

хөөрхий 불쌍한, 안된

хөөрч догдлох 기쁘고 들뜨다

хөргөгч 냉장고

хөрөнгө 자산

хөрөөдөх 톱으로 자르다

хөрш 이웃

хөшөө босгох 동상을 세우다
худаг 우물
худалч 거짓말쟁이
хулгайч 도둑
хулгана 쥐
хумслах 조금씩 빼먹다
хун 백조
хураах 수확하다, 거둬들이다
хуримлах 결혼하다
хуруу 손가락
хусах 긁다
хуулах (껍질을)벗기다, 베끼다
хуурах 속이다
хуушуур 호쇼르
хуцах 짖다
хүйтэвтэр 추운편
хүмүүжүүлэх 가르치다, 훈육
хүнд ажил 중노동, 힘든/고된 일
хүндлэх 존경하다
хүргүүлэх 전해주게 금하다
хүргэж өгөх 데려다주다, 배달해주다
хүрч ирэх 오다
хүүхэд нас 어릴 적, 어린 나이
хүүхэлдэйн кино 만화영화
хэвлэх үйлдвэр 인쇄소
хэврэг 깨지기 쉬운
хэлсэн амандаа хүрэх 약속을 지키다
хэлэлцэх 의논하다
хэмнэх 절약하다
хэрэглэх 사용하다, 쓰다
хэрэлдэх 말싸움하다
хязгааргүй 끝없는
хямдрал 할인

Ц

цаасан дээр буулгах 종이에 옮기다
цаатан 차탕족
цаг алдахгүй 시간을 절약하다, 지체 없이
цаг мөч 시기
цагаан будаа 쌀
Цагаан сарын баяр 차강사르, 설날
цагийн ажил 아르바이트
цалингаа авах 월급 받다
цанаар гулгах 스키타다
цангаа 갈증
цангах 갈증 나다
цахилгаан 전기, 천둥번개
цирк 서커스
цомог 모음집
цоо шинэ 최신
цоожлох 잠그다
цочих 놀래다
цөлжилт 사막화
цуврал 이어지는, 시리즈
цуцах 지치다
цэвэр 깨끗한
цэлмэх 날씨가 개다
цэнгэг 맑은
цэнгэлдэх хүрээлэн 경기장
цэрэг 군인, 군

цэцэн үг 슬기로운 말
цэцэрлэгийн багш 유치원 교사
цэцэрлэгт хүргэж өгөх 유치원에 데려다 주다
цээжлэх 외우다

ч

чадварлаг 잘하는, 재주있는
чийг татах 습기 차다
чийглэх 습기를 먹이다
чилэх 지치다, 피로하다
чимэг 장식, 지창

ш

шамдах 열심히 하다
шар шувуу 올빼미
шарах 튀기다
шарсан өндөг 계란후라이
шивэх (компьютерт) 컴퓨터로 치다
шийр 족발
шилэх 고르다
шингээх 소화하다
шинэ нээлт 새로운 발명
ширтэх 바라보다
ширүүн бороо 거센 비
шоколад 초콜릿
шороо 흙
шөнө 밤
шөнө дунд 자정, 한밤중에
шугам 라인
шуудай 포대
шуурах 바람이 불다
шуурхай 신속히
шүд өвдөх 치아가 아프다
шүлэг 시

э

эвгүй байдалд оруулах 곤란하게 하다
эвдрэх 고장나다
эвлэх 조화시키다
эд 물건
эдийн засагч 경제학자
эзэгнэх 주인이 되다
эзэгтэй 주부
элсэлтийн шалгалт 입학시험
элсэн манхан 모래언덕
эмийн сан 약국
эмнэлэгт хэвтэх 병원에 입원하다
эрвээхий 나비
эргэж харах 돌아보다
эрдэм шинжилгээ 학술
эрдэмтэн 학자
эртний бичиг 고유문자
эрүүл энх 건강하고 평화로운
эрх 권리
эрх чөлөө 자유
эрчимтэй 활동적, 활성화
эрэг 강가, 강변, 해변
эрэлхэг 용감한
эрэх 찾다

эрээлжлэх 시야를 어지럽히다

эрээн 얼룩

эх дэлхий 지구

эх орон 모국

эх хэл 모국어

эхнэр 부인

Ю

юмны араар нуугдах 뒤로 숨다

Я

яаралтай (ажил) 급한 일

яарах 서두르다

ядуу 가난한

ядуурах 가난해지다

ялаа 파리

ялдам 상냥한

ямаа ишиглэх 염소가 새끼를 낳다

яруу найрагч 시인

яст мэлхий 거북이

ястан 부족

МОНГОЛ ХЭЛ 3

몽골어3

초판 인쇄　2016년 2월 19일
초판 발행　2016년 2월 25일

지은이　OTGONTSETSEG DAMDINSUREN
발행인　김인철
기　획　장지호 Director, University Press
편집장　신선호 Executive Knowledge Contents Creator
도서편집　김민정 Contents Creator
도서·전자책편집　최인우 e-Contents Creator
마케팅　곽용창 Chief Marketing Creator
재무관리　권미경 Chief Managing Creator
발행처　한국외국어대학교 지식출판원
02450 서울특별시 동대문구 이문로 107
전화 02)2173-2493~7
팩스 02)2173-3363
홈페이지 http://press.hufs.ac.kr
전자우편 press@hufs.ac.kr
출판등록 제6-6호(1969. 4. 30)
디자인·편집　디자인퍼브 02)2254-4308
인쇄·제본　네오프린텍 02)718-3111

ISBN 979-11-5901-051-4 13730　정가 21,000원
ISBN 978-89-7464-665-3 (세트)

*잘못된 책은 교환하여 드립니다.

HUiNE은 한국외국어대학교 지식출판원의 어학 및 사회과학도서 Sub Brand이다. 한국외대의 영문명인 HUFS, 현명한 국제전문가 양성의(International+Intelligent)의 의미를 담고 있으며, 휴인(携引)의 뜻인 '이끌다, 끌고 나가다'라는 의미처럼 출판계를 이끄는 리더로서, 혁신의 이미지를 담고 있다.

이 책의 음원(mp3)은 한국외국어대학교 지식출판원 홈페이지(press.hufs.ac.kr) – 게시판 – 자료실에서 다운받아 사용하시기 바랍니다.